WIRTSCHAFTsRUSSISCH

B. Neumann · A. Scharf

Handels-korrespondenz

Деловая и коммерческая переписка

Volk und Wissen Verlag GmbH

Wirtschaftsrussisch: Handelskorrespondenz
Von Bettina Neumann, Arnold Scharf

Die Autoren danken den Gutachtern Frau Alewtina Grumbach,
Frau Prof. Dr. Zanna Vladimirovna Vitkovskaja und
Herrn Prof. Dr. habil.Günter Frohne, der Konsultantin
Frau Taissja Rattey, der Fachredaktion des Verlages sowie
allen anderen an der Entwicklung und Fertigstellung des
Manuskripts Beteiligten.

Zeichenerklärung:

 Musterbrief

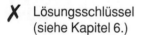 Lösungsschlüssel
(siehe Kapitel 6.)

Dieses Werk ist in allen seinen Teilen urheberrechtlich geschützt.
Jegliche Verwendung außerhalb der engen Grenzen des Urheberrechts
bedarf der Zustimmung des Verlages.
Dies gilt insbesondere für Vervielfältigungen, Mikroverfilmungen, Einspeicherung
und Verarbeitung in elektronischen Medien sowie Übersetzungen.

ISBN 3-06-502220-6

1. Auflage
© Volk und Wissen Verlag GmbH, Berlin 1993
Printed in Germany
Redaktion: Gabriella Wenzel
Redaktionsschluß: 1. Juni 1993
Einband: Gerhard Medoch
Layout: Marion Röhr
Druck und Binden: Druckhaus Thamhayn Gräfenhainichen

Vorwort

Das vorliegende Lehrbuch will mithelfen, sich auf die Ausweitung deutsch-russischer Handelsbeziehungen einzustellen. Es ist ein Leitfaden zum Verstehen und eigenständigen Verfassen russischsprachiger Geschäftsbriefe. Die „Handelskorrespondenz" kann sowohl grundlegendes Lehrmaterial für Lehrkraft und Lernende im Unterricht als auch für Autodidakten beim Spracherwerb im Selbststudium sein. Sie bietet Lernhilfen und Informationen, die dem interessierten Nutzer verschiedene Zugänge zu Lernstoff und Lernweg sowie zur Schließung bestimmter Kenntnislücken ermöglichen.

Den Kernbereich des Buches bildet das Kapitel 4. In ihm werden dem Nutzer 16 Sorten von Geschäftsbriefen vorgestellt, die den Grundbedarf an Geschäftskorrespondenz im wesentlichen abdecken. Alle übrigen Teile des Buches sind funktional mit dem Kapitel 4 verbunden.

Kapitel 1 informiert über die äußere Form russischer Geschäftsbriefe. Es ist nach den Formbestandteilen gegliedert, wie sie am Kapitelanfang aufgelistet sind.

Kapitel 2 macht den Nutzer mit Besonderheiten der Geschäftskorrespondenz in der Form von Telex und Telefax bekannt. Den Schwerpunkt bildet das Erfasssen des Telex-Transkriptionssystems. Der Übungsteil ist auf das Bewußtmachen typischer Fehlerquellen beim Transkribieren ausgerichtet und auf das Transkribieren kürzerer Texte. Letzteres bedarf fortgesetzter Übung, daher sind weitere Übungen dieser Art auf die Übungsteile zu den einzelnen Briefsorten verteilt. Zu allen Telex-Übungen existieren im Kapitel 6 Lösungsschlüssel.

Kapitel 3 vermittelt einen für das Verständnis des sehr umfangreichen Kapitels 4 wichtigen Überblick über das wechselseitige Verhältnis der dort enthaltenen Sorten von Geschäftsbriefen und über deren Anordnung im Kapitel.

Kapitel 4 ist nach Briefsorten in 16 Teile gegliedert. Diese Teile bezeichnen wir als Briefsortenkapitel. Jedes Briefsortenkapitel ist in sich gleich strukturiert und besteht aus den Abschnitten: Einleitung (4.x.1.), Musterbriefe (4.x.2.), Sprachliche Wendungen und Strukturen (4.x.3.), Übungen (4.x.4.).

In der Einleitung zu jedem Teil wird spezieller als in Kapitel 3 auf die Funktion der jeweiligen Briefsorte und die Spezifika der betreffenden Textstruktur(en) eingegangen. Das bewußte Erfassen von Textfunktion und -struktur erleichtert sehr das Verstehen und Reproduzieren der nachfolgenden Musterbriefe und den Umgang mit dem entsprechenden Sprachmaterial.

Ein Briefsortenkapitel enthält meist mehrere Musterbriefe. Bei der Arbeit mit den Briefen sollte das Übersetzen ins Deutsche sowie das Erfasssen der Textfunktion und und der typischen sprachlichen Mittel im Vordergrund stehen.

Der Abschnitt „Sprachliche Wendungen und Strukturen" ist weitgehend in Anlehnung an die in der „Einleitung" vorgestellte Textstruktur gegliedert. Zur Verdeutlichung von Gemeinsamkeiten und Unterschieden inhaltlich einander nahestehender sprachlicher Wendungen und Strukturen ist das Strukturfenster als Darstellungsform gewählt worden. Die damit besser erfaßbaren Details sollten auch als Nuancen sprachlichen Ausdrucks bewußt werden, indem z.B. Wendungen in Musterbriefen durch andere ersetzt werden und entsprechende Feinheiten zu interpretieren sind. Die einzelnen Fenstern voran- oder nachgestellten Ziffern geben Aufschluß über charakteristische Kontextbedingungen der betreffenden Wendung(en). Das erleichtert vor allem das selbständige Abfassen von Briefen.

Der Abschnitt „Übungen" bietet exemplarisch Anregungen zur Übungsgestaltung. Eine elementare Abfolge hierbei ist: die Übersetzung von Musterbriefen ins Deutsche, eine Telex-Übung, die Übersetzung von Textausschnitten ins Russische und das selbständige Verfassen von Exemplaren der betreffenden Briefsorte nach inhaltlichen (und sprachlichen) Vorgaben.

Für die meisten Übungen von Bedeutung ist die Nutzung des **Kapitels 5**. Die „Lexik im Überblick" stellt das für eine variantenreiche Beschäftigung mit der Geschäftskorrespondenz unerläßliche Reservoir an fachsprachlichen russischen Termini und ihren deutschen Entsprechungen dar. Die Termini sind thematisch geordnet nach im Geschäftsgang stetig vorkommenden Gruppen kommerzieller Sachverhalte wie Art, Qualität, Quantität, Verpackung und Preis der Ware, Transport-, Liefer- und Zahlungsbedingungen. Es ist zu empfehlen, sich zunächst einen generellen Überblick über den hier gebotenenen Bestand an Termini zu verschaffen, um ihn souverän nutzen zu können.

Kapitel 6 enthält die Lösungsschlüssel zu den im Buch vorkommenden Telex-Übungen und zu den ins Russische zu übersetzenden Texten. Dabei ist zu beachten, daß jeweils nur eine Lösungsvariante angegeben ist.

Kapitel 7 besteht aus den alphabetischen Wortlisten (Russisch-Deutsch und Deutsch-Russisch). Beide enthalten vornehmlich Lexik der Geschäftssprache unter weitgehendem Verzicht auf den im Buch auch vertretenen gemeinsprachlichen Wortschatz.

Den Abschluß des Buches bildet der Index der im Buch angebotenen Formen und Inhalte von Geschäftskorrespondenz. Die beigefügten Seitenzahlen lassen leicht entsprechende Passagen im Buch finden.

Wir wünschen allen interessierten Nutzern viel Erfolg im Umgang mit diesem Buch und sind für Hinweise zu einer noch effektiveren Gestaltung dankbar.Wir bitten, diese an den Volk und Wissen Verlag GmbH, Redaktion Fremdsprachen, Lindenstr. 54 b, PF 269, 10107 Berlin, zu richten.

Die Autoren

1. Die äußere Form des russischen Geschäftsbriefes

Der russische Geschäftsbrief entspricht in seiner äußeren Form weitgehend den Gepflogenheiten des internationalen Geschäftsverkehrs.
Er enthält in der Regel folgende Bestandteile:

(1) Briefkopf	заголо́вок письма́
(2) Anschrift des Empfängers	а́дрес получа́теля письма́
(3) Nummer und Datum des Ausgangsbriefes und des zu beantwortenden Briefes	но́мер (и́ндекс) и да́та исходя́щего и входя́щего письма́
(4) Betreffzeile	заголо́вок к те́ксту
(5) Anrede	(вступи́тельное) обраще́ние
(6) Text des Briefes	текст письма́
(7) Schlußformel	заключи́тельная фо́рмула ве́жливости
(8) Unterschrift	по́дпись
(9) Stempel-, Siegelvermerk	отме́тка о ме́сте печа́ти
(10) Anlagevermerk	отме́тка о нали́чии приложе́ния
(11) Verteilervermerk	отме́тка о направле́нии ко́пий в други́е адреса́

Briefkopf, Unterschrift und Stempel sind wichtige Prüfstellen für die Authentizität eines Geschäftsbriefes. Stempel werden jedoch nicht von jeder Firma oder Institution im Brief benutzt.
Anlage- und Verteilervermerk werden nur bei Bedarf verwendet.

1.1. Briefkopf – Заголовок письма

Es ist üblich, Geschäftsbriefe auf Firmenpapier mit aufgedrucktem Briefkopf zu schreiben. Er besteht in der Regel aus:

(a) Firmenzeichen (фи́рменная эмбле́ма)	Россия г. Москва
(b) Firmennamen (наименова́ние фи́рмы)	МП «МОНИТОР»
(c) postalischer Adresse (почто́вый а́дрес)	117 571, район Юго-Запад пр. Вернадского, 117
(d) Telegrammadresse (телегра́фный а́дрес)	
(e) Telefonnummer (но́мер телефо́на)	тел. (095) 286-12-73
(f) Telexnummer (но́мер те́лекса)	телекс 405863
(g) Telefaxnummer (но́мер /теле/фа́кса)	факс (095) 286-28-12
(h) Bankverbindung (ба́нковские реквизи́ты)	р/с 000 608 058 в Мосстройбанке МФО 123 456 г. Москвы

Die Angaben (a) und (d) sind keine obligatorischen Bestandteile; (f) entfällt zumeist, wenn (g) vorhanden ist. Die Angaben (c)-(h) können auf den unteren Rand des Firmenbogens gedruckt sein.

Die Kopfbögen russischer Firmen mit internationalen Kontakten sind häufig zweisprachig (Russisch und Englisch) abgefaßt.
Anders als in Deutschland brauchen Firmen mit dem Status von Gesellschaften in Rußland im Briefkopf nicht das Registergericht des Sitzes der Gesellschaft und die Nummer, unter der die Gesellschaft im Handelsregister eingetragen ist, anzugeben.

Zu (b): Im Firmennamen können folgende Unternehmensformen und -bereiche (eventuell als Abkürzungen) vorkommen:

Правовые формы предприятий – Rechtsformen von Betrieben

ассоциа́ция, ас.	Assoziation, Vereinigung, Genossenschaft, Gesellschaft
внешнеторго́вая организа́ция, В/О	Außenhandelsorganisation, - unternehmen
карте́ль	Kartell
компа́ния, Ко	(Handels)Gesellschaft mbH, Kompagnie, Firma
– страхова́я компа́ния	– Versicherungsgesellschaft
комбина́т, комб.	Kombinat
ко́мплекс, компл.	Komplex
консо́рциум, конс.	Konsortium
конце́рн	Konzern
коопера́тив, коп.	Kooperative, Genossenschaft
о́бщество, о-во oder об-во	Gesellschaft

– акционе́рное о́бщество, А/О oder АО, im Text auch а/о, ао	– Aktiengesellschaft, AG
– о́бщество гражда́нского ко́декса	– Gesellschaft bürgerlichen Rechts, GbR
– откры́тое о́бщество (historische Bezeichnung: торго́вый дом)	– offene Handelsgesellschaft, OHG
– комманди́тное о́бщество (auch: ... това́рищество), КО	– Kommanditgesellschaft, KG
– о́бщество с ограни́ченной отве́тственностью, ООО	– Gesellschaft mit beschränkter Haftung, GmbH
объедине́ние, о.	Vereinigung, Gesellschaft
– произво́дственное объедине́ние, П/О	– Produktionsvereinigung
предприя́тие, предпр.	Betrieb, Unternehmen
– ли́чное предприя́тие	– Einzelunternehmen (das nur von *einer* natürlichen Person betrieben und verantwortet wird)
– ма́лое (госуда́рственное) предприя́тие, МП	– (staatliches) Kleinunternehmen
– объединённые предприя́тия (auch: трест)	– Holdinggesellschaft (auch: Trust)
– совме́стное предприя́тие, СП	– Joint-venture
това́рищество	Genossenschaft, Gesellschaft
– комманди́тное това́рищество	– Kommanditgesellschaft, KG
– това́рищество с ограни́ченной отве́тственностью, ТОО	– Gesellschaft mit beschränkter Haftung, GmbH
заво́д	Betrieb, Werk
представи́тельство, предст.	Vertretung
уча́сток, уч-к	Bereich
фа́брика	Fabrik
филиа́л, ф-л	Filiale (auch: Niederlassung)
фи́рма	Firma

Beachten Sie, bei welchen Abkürzungen Punkte gesetzt werden und bei welchen nicht.

Zu (e) – (g): Bei 5- und mehrstelligen Nummern bleibt in Deutschland nach 2 bzw. 3 Ziffern ein Anschlag frei (z.B. 95 63 48).
Im russischen Geschäftsbrief steht dafür ein Bindestrich (z.B. 95-63-48).

Telexnummern werden aber ohne Zwischenräume geschrieben (z.B. 111941).

Zu (h): Standardabkürzungen bei der Angabe der Bankverbindung:
p/c = расчётный счёт   (Verrechnungs-)Konto
МФО = межфилиа́льные оборо́ты   Bankleitzahl, BLZ

Außerdem erscheint der Name der Bank oftmals als Abkürzung, z.B:
ПСБ = Петербу́ргский сберега́тельный банк
Россельхозбанк = Росси́йский сельскохозя́йственный банк

1.2. Anschrift des Empfängers – Адрес получателя письма

Die Anschrift (áдрес) in einem Brief nach Rußland und auf dem entsprechenden Umschlag (конвéрт) ist gemäß den Normen der russischen Post abzufassen (d.h. abweichend von den Normen der Deutschen Bundespost) in der Abfolge:
Land
Postleitzahl Stadt
Straße, Hausnummer,
Name der Firma
Position des Adressaten in der Firma und
Name des Adressaten

Versuchen Sie stets, die Postleitzahl (почтóвый и́ндекс oder и́ндекс предприя́тия свя́зи) Ihres Adressaten zu erfahren.

```
РОССИЯ

103829 г. Москва

ул. Тверская, д. 26

Фирма НОВАЯ ЗАРЯ

Коммерческому директору

г-ну И.Б.Сорокину
```

Häufig gebrauchte Abkürzungen in Anschriften sind:

г. = гóрод	Stadt
корп. = кóрпус	Wohnblock, Gebäudekomplex
наб. = нáбережная	Ufer(straße)
п. oder пер. = переу́лок	Gasse
пл. = плóщадь	Platz
п/о = почтóвое отделéние	Postamt
под. = подъéзд	Auffahrt, Eingang
пр. = проéзд	Passage
пр. oder просп. = проспéкт	Prospekt
п/я = почтóвый я́щик	Postfach
ул. = у́лица	Straße
д. = дом	Haus (kann vor Hausnummer stehen)

Zu beachten ist bei der Anschrift:

Eine Firma steht als Adressat (адресáт) im Nominativ, z.B.
- Фирма НОВАЯ ЗАРЯ
- Московское П/О СЛАВА
- Техно-коммерческая фирма РИГОНДА-СЕРВИС

Ist der Adressat eine bestimmte Person in der betreffenden Firma oder Institution, so werden Firma oder Institution im Nominativ, die Position und der Name der Person aber im Dativ angeführt, z.B.:

- Фирма НОВАЯ ЗАРЯ
  Коммерческому директору
  г-ну И.Б.Сорокину
- Московское П/О СЛАВА
  Генеральному экспедитору
  г. А.К.Белову
- Техно-коммерческая фирма РИГОНДА-СЕРВИС
  Главному бухгалтеру
  г-же Н.А.Быковской

In der Anschrift erscheint vor dem Namen der Person
Herr(n) = господи́ну oder abgekürzt г. bzw. г-ну
Frau = госпожé oder abgekürzt г. bzw. г-же.

1.3. Nummer und Datum des Ausgangsbriefes und des zu beantwortenden Briefes – Номер (индекс) и дата исходящего и входящего письма

Die Nummer eines Briefes besteht traditionell aus 3 Teilen, z.B. 13/0027-169. Die beiden ersten Teile bilden die Kennzahl (и́ндекс) der betreffenden Abteilung in der Firma. Der letzte Teil ist die Ausgangsnummer des Briefes.

Für das Datum (да́та) sind zwei Schreibweisen zulässig:
die vollständige (15 мая 1993 г.) und die verkürzte (15.05.93);
in Geschäftsbriefen wird die verkürzte Variante bevorzugt.

Nummer und Datum des zu beantwortenden Briefes werden unter Nummer und Datum des Ausgangsbriefes gesetzt, häufig auch handschriftlich.

1.4. Betreffzeile – Заголовок к тексту

Die Betreffzeile enthält den Hinweis auf den Textinhalt. Sie besteht aus einer Konstruktion mit der Präposition „o" mit Präpositiv, z.B.

О предложéнии на нару́чные часы́   Angebot von Armbanduhren

1.5. Anrede – Вступительное обращение

Nach der Betreffzeile ist dem Text des Geschäftsbriefes eine Anrede als Höflichkeitsform vorangestellt.
Ist das Schreiben an die Firma allgemein gerichtet oder ist der Adressat im einzelnen nicht bekannt oder handelt es sich um eine Gruppe von Personen, lautet die Anrede:

     Уважа́емые господа́!   Sehr geehrte Damen und Herren,
auch: Уважа́емые да́мы и господа́!

Ist in der Anschrift der Brief ausdrücklich an einen Herrn oder eine Dame adressiert, lautet die Anrede beim ersten Kontakt und bei geringer gegenseitiger Vertrautheit:

     Уважа́емый господи́н Петро́в!   Sehr geehrter Herr Petrow,
bzw.
     Уважа́емая госпожа́ Петро́ва!   Sehr geehrte Frau Petrowa,

Kennen sich die Geschäftspartner näher, ist als Anrede auch Vor- und Vatersname möglich:

     Уважа́емый Ива́н Дми́триевич!   Sehr geehrter Iwan Dmitrijewitsch,

Zur Beachtung: Im Russischen ist es nicht üblich, in der Anrede Vor-, Vaters- und Familiennamen gleichzeitig zu gebrauchen. Also **nicht**: Уважаемый Иван Дмитриевич Петров!

1.6. Text des Briefes – Текст письма

Für die äußere Textgestaltung des russischen Geschäftsbriefes ist typisch, daß die 1. Zeile jedes Absatzes mit 5 Leeranschlägen beginnt. Um ebenfalls 5 Anschläge werden die Betreffzeile (1.4.), Anrede (1.5.), Schlußformel (1.7.) und Anlagevermerk (1.10.) eingerückt.
Pronomina, die sich auf den Briefpartner beziehen, wie Вы, Вас, Вам, Вами, Ваш, Вашего usw., sind groß zu schreiben.
Es empfiehlt sich, Numeralia im Brieftext in Ziffern zu schreiben; in wichtigen justiiablen Geschäftspapieren verwendet man Ziffern, und in Klammern werden die jeweiligen Zahlen ausgeschrieben.

1.7. Schlußformel – Заключительная формула вежливости

Üblicherweise schließt ein russischer Geschäftsbrief mit

     С уваже́нием   Hochachtungsvoll

gegenüber Personen mit außerordentlichem Ansehen

     С глубо́ким уваже́нием   Mit vorzüglicher Hochachtung

Die Schlußformel steht links unter dem Brieftext (s. ✉ 4/1 – 4/3, S. 24).

1.8. Unterschrift – Подпись

Ohne Unterschrift ist ein Geschäftsbrief nicht rechtsgültig.
Der Brief wird von der dazu bevollmächtigten Person mit Vor-, Vaters- und Familiennamen unterschrieben, Vor- und Vatersnamen allerdings nur mit den Initialen.

Neben bzw. unter der handschriftlichen Unterschrift sind maschinenschriftlich ausgeschrieben Vor-, Vaters- (oft auch Initialen) und Familienname des Unterzeichners anzugeben, ebenso seine Position in der Firma und natürlich auch der Firmenname.

Коммерческий директор   *И. Б. Сорокин*
ТОО НОВАЯ ЗАРЯ   Иван Борисович Сорокин

oder

И. Б. Сорокин
Иван Борисович Сорокин
Коммерческий директор
ТОО НОВАЯ ЗАРЯ

1.9. Stempel- , Siegelvermerk – Отметка о месте печати

Manche Firmen und Institutionen haben in ihren Briefen neben der Unterschrift den Vermerk М.П. (мéсто печáти) zur Kennzeichnung der Stelle, wohin der Stempel zu setzen ist.

1.10. Anlagevermerk – Отметка о наличии приложения

Geschäftsbriefen werden oft weitere Unterlagen als Anlagen beigegeben.
Der Hinweis auf die Anlage (приложéние) befindet sich in der Regel links unten auf dem Briefbogen unter der Unterschrift.

Derartige Anlagen können sein:

вéдомость ЗИП (кóмплекс запчастéй, инструмéнтов и принадлéжностей)	Ersatzteil-, Werkzeug- und Zubehörliste (EWZ-Liste)
каталóг запчастéй	Ersatzteilkatalog
гарáнтия	Garantieschein
закáз	Auftrag, Bestellung
каталóг	Katalog
контрáкт, договóр	Vertrag

образе́ц	Muster
(рекла́мный) проспе́кт	Prospekt
рису́нок, чертёж	Zeichnung
эксперти́за	Gutachten
инстру́кция по эксплуата́ции	Bedienungsanleitung
инстру́кция по монта́жу	Montagevorschrift
инстру́кция по техни́ческому обслу́живанию	Wartungsvorschrift
пра́вила по́льзования	Gebrauchsanweisung
сертифика́т о происхожде́нии	Ursprungszeugnis
сертифика́т ка́чества	Qualitätsgutachten
специфика́ция	Einzelaufstellung
техни́ческая документа́ция	technische Dokumentation
техни́ческая характери́стика	technische Daten
техни́ческое описа́ние	technische Beschreibung

Der Hinweis auf die Anlage(n) muß die Bezeichnung der Unterlagen und ihre Anzahl enthalten. Bei Anlagen, die den Charakter geschäftlicher Dokumente besitzen, ist zu empfehlen, die Zahl der zum betreffenden Dokument gehörigen Seiten (л. = лист) anzugeben. Bei derartigen Anlagen beginnt auch die Bezeichnung mit einem Großbuchstaben, und das Dokument besitzt eine Registernummer.

    Приложе́ние: проспе́кт о междунаро́дной вы́ставке "Эне́ргия 94" в 4-х экз.
    Приложе́ние: Контра́кт N 15/76 на 5 листа́х в 3-х экз. ка́ждый.
    Приложе́ние: 1) Специфика́ция N 31/12-43 на 3 листа́х в 2-х экз.
                  2) инстру́кция по эксплуата́ции в 3-х экз.
    Приложе́ние: упомя́нутое по те́ксту в 1-м экз.
               (das im Text Erwähnte in einem Exemplar)

Ist im Text nur von einem Dokument die Rede, kann folgender Kurzvermerk angewandt werden:

    Приложе́ние: на 8 л. в 1-м экз.

Im internationalen Verkehr fügt man oft noch hinzu, in welcher Sprache die Anlagen verfaßt sind, z.B.

    Приложе́ние: на 6 л. в 2-х экз. на ру́сском и неме́цком языка́х

1.11. Verteilervermerk – Отметка о направлении копий в другие адреса

Der Verteilervermerk weist aus, wer Kopien dieses Schreibens erhalten hat. Er erscheint ebenfalls auf dem Briefbogen links unten. Seine Position ist unter der Unterschrift und bei Vorhandensein eines Anlagenvermerkes erst unter diesem. Der Empfänger der Kopie wird im Nominativ benannt, z.B.

    Ко́пия: 1) генера́льный аге́нт ИНТЕРКОМ в Москве́
           2) фрахтово́й аге́нт в Му́рманске

2. Telex und Telefax

Telex- und Telefaxgeräte sind wichtige Mittel der technischen Nachrichtenübermittlung. Verglichen mit Telefax, hat Telex international geringe Verbreitung gefunden. In der ehemaligen UdSSR hingegen überwog das Telex. Heute ist Telefax aber auch dort im Vormarsch. Bei den enormen räumlichen Dimensionen Eurasiens und den hier sicher noch geraume Zeit bestehenden nachrichtentechnischen Defiziten wird das Telex in der internationalen Telekommunikation mit Rußland weiterhin eine wichtige Rolle spielen.

Die technisch dem Telex sehr verwandte Nachrichtenübermittlung per Telegramm ist im internationalen Geschäftsverkehr mit Partnern in Rußland ebenfalls stark rückläufig.

2.1. Telex – Телекс

2.1.1. Einleitung

Ein Telex (télekc) ist ein Schreiben, das wie ein Telegramm mit einem Fernschreiber erstellt und an Telexteilnehmer national wie international übermittelt werden kann. Russischsprachige Texte werden prinzipiell mit lateinischen Buchstaben wiedergegeben. Dabei wird folgendes System der Buchstabenentsprechung angewendet:

А – A	И – I	С – S	Ъ – /
Б – B	Й – I (J)	Т – T	Ы – Y
В – V	К – K	У – U	Ь – /
Г – G	Л – L	Ф – F	Э – E
Д – D	М – M	Х – H	Ю – IU (JU)
Е – E	Н – N	Ц – C	Я – IA (JA)
Ё – E	О – O	Ч – CH	
Ж – J (ZH)	П – P	Ш – SH	
З – Z	Р – R	Щ – SC (SCH)	

Wenn die in Klammern angeführten Entsprechungen benutzt werden, so sind konsequent alle 5 zu verwenden, sonst kann es zu Mißverständnissen kommen.

Achtung! Bei der Transkription von Firmen- und anderen Eigennamen hält man sich nicht immer an dieses System der Buchstabenentsprechung. Die Telex-Umschrift ist aber im internationalen Postverkehr Standard für die Wiedergabe russischer Städtenamen: Сочи = Sochi; Набережные Челны = Naberezhnye Chelny.

2.1.2. Spezifika der Abfassung von Telex – Специфика оформления телекса

Im Kopf des Telex erscheinen:
- das Ausgangsdatum und die Uhrzeit als Kopfleiste,
- der Telexkode des Adressaten des Telex mit Zielort,
- der Telexkode des Absenders des Telex,
- die Nummer des Telex (индекс исходящего телекса),

z.B.:
      09/08/94   13:05
      Leipzig 295675 Tramasch
      952683 Mosmashimp
      314/1400

In der Telexadresse entfallen also Postleitzahl, Straße und Hausnummer.

Ein Bezug zu einer Einzelperson in der Firma wird zumeist wie folgt ausgewiesen:

VNIM. G-NA V. ANDRONOVA (Person im Genitiv)	In beiden Varianten ist die deutsche Bedeutung:
oder (weniger gebräuchlich):	Zu Händen (z.H.) von Herrn V. Andronov
VNIM. G-NU V. ANDRONOVU (Person im Dativ)	

VNIM. = внимáние = wörtl.: Aufmerksamkeit = sinngemäß: zu Händen

Ein Titel vor der Person richtet sich im Kasus nach der Person (Genitiv oder Dativ). Vor- und Vatersname werden, wenn überhaupt, nur mit den Initialen angeführt:
      VNIM. DIREKTORA G-NA V. I. ANDRONOVA

Für die Gestaltung des Telextextes ist charakteristisch, daß
- die Anrede entfällt,
- der Text fortlaufend ohne Absätze geschrieben wird,
- der Text in seiner vollständigen oder in einer verkürzten Fassung übermittelt werden kann,
- in der verkürzten Fassung Konjunktionen, Präpositionen, Pronomina und Interpunktionszeichen entfallen können, wenn dadurch keine Mißverständnisse entstehen.
- die Schlußformel S UVAZHENIEM nicht wie im Telex-Deutsch auf Anfangsbuchstaben reduziert werden kann (m.f.G. = mit freundlichen Grüßen).

Die Unterschrift weist die Firma (Kurzbezeichnung) und nach Bedarf den Verfasser des Textes sowie bei geringem Bekanntheitsgrad auch dessen Stellung in der Firma aus:
      NOVAJA ZARJA   EKSPIDENT   V. ANTONOV

2.1.3. Mustertelexe

✉ **2/1** Text in vollständiger (ungekürzter) Fassung

```
21/01/94  14:25

ESSEN   231 649 ROTRON
719 487 P/O ELEKTRA
936/5271

VNIM. G-NA VALTERA
K SOJALENIIU, MY NE POLUCHILI OTVET NA NASH ZAPROS, KOTORYI MY
POSLALI VAM PISMOM OT 16 MARTA S. G. MY OCHEN PROSIM VAS V
KOROTKII SROK VYSLAT NAM PREDLOJENIE.
S UVAJENIEM
P/O ELEKTRA
GROMOV
```

✉ **2/2** Text in gekürzter Fassung

```
21/01/94  14:25

ESSEN   231 649 ROTRON
719 487 P/O ELEKTRA
936/5271

VNIM. G-NA VALTERA
NE POLUCHILI OTVET NA ZAPROS 16 MARTA OCHEN PROSIM V KOROTKII
SROK VYSLAT PREDLOJENIE
UVAJENIEM
P/O ELEKTRA
GROMOV
```

2.1.4. Übungen

1. Geben Sie an,
a) welchen Buchstaben(wert) die folgenden Zeichen mit weitgehend übereinstimmender Zeichengestalt in der kyrillischen und lateinischen Schrift präsentieren: B, P, C,Y, H;
b) welche kyrillischen Buchstaben in der Umschrift mit folgenden lateinischen wiedergegeben werden: B, Z, E, J, H, C, CH, P;
c) welche kyrillischen Buchstaben die Umschrift nicht wiedergibt, und welche Buchstaben der Umschrift mehr als einen kyrillischen Buchstaben bezeichnen;
d) welche kyrillischen Buchstaben mit mehr als einem lateinischen wiedergegeben werden und welche kyrillischen Buchstaben mit diesen lateinischen bezeichnet werden, wenn jeder von diesen lateinischen Buchstaben für sich gelesen wird.

✗ 2. Geben Sie folgende Wörter mit der Telex-Umschrift wieder:
внешний, воздушный, запрошенный, правила пользования, письмо, заказчик, счёт, отгрузочные документы, случай, страховая компания, спецификация, чертёж, штрафные санкции, экспертиза, срочно, сообщать, железнодорожный, цена за штуку.

✗ 3. Prüfen Sie,
   a) welche Wörter von Übung 2 kyrillische Buchstaben aufweisen, zu denen zwei Umschriftvarianten existieren.
   b) Geben Sie diese Wörter mit der anderen, von Ihnen zunächst nicht benutzten Umschriftvariante wieder.

✗ 4. Geben Sie folgende Wörter aus Telex-Texten den Normen der russischen Orthographie entsprechend in kyrillischer Schrift wieder:
poluchatel pisma, instrukciia po ekspluatacii, obrascenie, obrazec, otsrochka, pochtovyi iascik, tehnika, vneshnetorgovaia organizaciia, schet, rashod, luchshe.

5. Übersetzen Sie ✉ 2/1 ins Deutsche.

✗ 6. Lesen Sie ✉ 2/1 laut, und schreiben Sie diesen Text in Kyrillisch (Russisch) orthographisch korrekt.

7. Vergleichen Sie ✉ 2/1 mit ✉ 2/2, und begründen Sie die Kürzungen.

8. Übersetzen Sie den folgenden Text ins Deutsche:
Сообщаем, что контракт № 9319 14 марта передан на подпись Вашему генеральному агенту в Москве, г-ну Вагнеру.

✗ 9. Gestalten Sie den Text der Übung 8 als Telex in entsprechender Umschrift:
   a) als vollständigen (ungekürzten) Text,
   b) in gekürzter Fassung.

2.2. Telefax – Телефакс

Telefaxgeräte dienen der Übermittlung schriftlich fixierter Texte, indem sie eine Fernkopie des betreffenden Schreibens, ein Telefax, produzieren.
Mittels Telefax können auch Grafiken, Zeichnungen, Schaubilder usw. übermittelt werden. So erscheint auch der Briefkopf eines Firmenbogens samt Firmenemblem auf der betreffenden Kopie.
Dank der (verglichen mit dem Telefongespräch) kostengünstigen schnellen Nachrichtenübermittlung ist ein Faxgerät im heutigen Geschäftsbetrieb fast unentbehrlich geworden.

Ein Telefax unterscheidet sich von der traditionellen Art des Geschäftsbriefes wie folgt:

> (a) Telefaxkopfleiste (застáвка телефáкса);
> (b) Anschrift des Telefax-Empfängers (áдрес получáтеля телефáкса).
> (c) Alle übrigen Teile der jeweiligen Geschäftsbriefsorte sind identisch mit dem betreffenden Standard und dem Standardfirmenbogen.

Zu (a): Auf der Telefaxkopfleiste sind nebeneinander angeordnet:
a) Ausgangsdatum und -uhrzeit;
b) Vorwahlnummer des betreffenden Ortes in Rußland
   (nicht international) und Nummer des Telefaxgerätes des Absenders;
c) Kodewort der Firma des Absenders;
d) Kodewort der Firma des Adressaten;
e) Kode des Zielortes;
f) Seitenangabe.

a	a	b	b	c	d	e	f
06/08 94	14:05	(071) 325 86 23		ROSMASH >>>> IHK		LPZ	001

Die Kopfleiste wird vom Faxgerät erstellt.

Zu (b): Die genauere Anschrift des Telefax-Empfängers befindet sich unter dem Firmenbriefkopf des Absenders. Diese Adresse bedarf wie beim Telex nicht der Postleitzahl, der Straße und der Hausnummer. Die Indexnummer des betreffenden Telefax befindet sich z.T. links auf Höhe der Anschrift.

✉ 2/3 Muster des Kopfes eines Telefax

17

3. Zur Struktur der Geschäftskorrespondenz

In diesem Lehrbuch werden im 4. Kapitel 16 Sorten von Geschäftsbriefen vorgestellt. Sie decken den Grundbedarf an Geschäftskorrespondenz im wesentlichen ab und stehen in einem bestimmten funktionalen Verhältnis zueinander. Dabei lassen sich vier Gruppen von Geschäftsbriefen unterscheiden.

Die erste Gruppe umfaßt die Briefsorten, die sehr wichtige Stationen des ungestörten Geschäftganges bis zum Abschluß einer Vereinbarung über ein Geschäft betreffen. Es handelt sich dabei um die Sorten:

Anfrage (4.7.).	запро́с
Angebot (4.8.)	предложе́ние
Bestellung (4.9.)	зака́з

Die Anfrage eines Kaufinteressenten an eine Lieferfirma leitet ein Geschäft ein. Die Lieferfirma informiert mit dem Angebot den potentiellen Kunden über die Bedingungen für den Kauf einer Ware oder Dienstleistung. Die Bestellung beim Verkäufer bildet schließlich die Grundlage für die Realisierung dieses Kaufs bzw. Verkaufs, wenn die Bestellung vom Verkäufer akzeptiert und bestätigt wird.

Diese Briefsorten enthalten jeweils eine größere Anzahl von verschiedenartigen Angaben. Dabei nehmen die einzelnen Briefsorten jeweils auf die gleichen Arten von kommerziellen Sachangaben Bezug, wie Art, Qualität, Menge, Preis und Verpackung der Ware, Transport-, Liefer- und Zahlungsbedingungen. Nach diesen wiederkehrenden Arten von Sachangaben ist daher auch das Kapitel 5 (Lexik im Überblick) gegliedert.

Dem Briefsortenkapitel 4.9. (Bestellung) ist als Anhang ein besonderer Abschnitt „Vertrag – Контракт / Догово́р" beigegeben. Ein **Vertrag** ist zwar kein Geschäftsbrief, aber auf den Abschluß von Kaufverträgen läuft Geschäftstätigkeit hinaus. Ein Vertrag ist ein wichtiges kommerzielles Dokument, welches Rechte und Pflichten der vertragschließenden Seiten regelt. Daher wird hier zur Orientierung ein Vertragsmuster angeführt. Das vorliegende Buch ist jedoch keineswegs angelegt, den Nutzer befähigen zu wollen, selbst Verträge auszufertigen. Das bleibt anderen Publikationen vorbehalten (siehe: Z. V. Vitkovskaja u. a.: Vertragsentwürfe. Догово́ры в делово́й и комме́рческой де́ятельности.- Berlin: Volk und Wissen Verlag GmbH).

1991 trat Rußland (noch als UdSSR) der UNO-Konvention über internationale Kaufverträge bei, auf die man sich bei der Ausarbeitung von Regelungen zwischen Geschäftspartnern verschiedener Länder stützt. Der Kaufvertrag (догово́р ку́пли-прода́жи) stellt demnach die verbreitetste Form der rechtlichen Fixierung kommerzieller Beziehungen dar. In der russischen Handelspraxis ist daneben auch der Liefervertrag (договор поставки) als eine Art des Kaufvertrags sehr gebräuchlich. In der Geschäftspraxis erhält oftmals die Bestellung bereits den Charakter eines Kaufvertrags.

Die zweite Gruppe der hier vorgestellten Geschäftsbriefe besteht aus Sorten zu Störungen im Geschäftsverkehr. Diese Sorten werden im allgemeinen als Reklamationen bezeichnet. Eine **Reklamation** (рекламация) ist ein Dokument, das ausgefertigt wird, wenn ein Geschäftspartner die im Kaufvertrag bzw. in der akzeptierten Bestellung fixierten Festlegungen, darunter z.T. spezielle Reklamationsklauseln, nicht einhält. Im deutschen Handelsrecht wird für Reklamation die Bezeichnung „Mängelrüge" benutzt. Die in einer Reklamation vorgebrachten Beanstandungen sind in der Regel mit Ansprüchen (претензии) an den Vertragspartner verbunden. Reklamationen müssen innerhalb bestimmter vereinbarter oder gesetzlicher Fristen erhoben werden. Sie erfolgen unbedingt schriftlich und werden per Einschreiben verschickt.

Eine Reklamation ist ein wichtiges Dokument im Falle eines späteren Rechtsstreits in der betreffenden Angelegenheit. Daher muß eine Reklamation möglichst stichhaltig und beweiskräftig abgefaßt sein. Im Hinblick auf gerichtliche Schritte ist in allen Kaufverträgen im internationalen Handel die Klausel über den Gerichtsort von Bedeutung.

Das Kapitel 4 enthält Reklamationen folgender Art:
Mahnungen bzw. Beanstandungen wegen
- Lieferverzug (на просрочку поставки) (4.10.);
- Mengendefizit (на недостачу товара) (4.11.);
- Qualitätsmängeln (на дефектность товара) (4.12.);
- Zahlungsverzug (на просрочку платежа) (4.13.).

Grundstruktur einer Reklamation

(a) Anschrift
(b) Ausgangsdatum der Reklamation
(c) Datum und Nummer der Bestellung/des Kaufvertrages, Datum und Nummer der Lieferung
(d) Betreffzeile
(e) Textstruktur
1) Begründung für das Erheben von Ansprüchen (основание для предъявления претензий)
2) Anführen der Beweismittel (указание доказательств)
3) Erheben konkreter Forderungen (предъявление конкретных требований)
(f) Anlagen

(c) Datum und Nummer von Bestellung/Kaufvertrag und Lieferung sind dem Text voranzustellen oder in ihm auszuweisen. (d) Die Betreffzeile kann auch die Registriernummer der Reklamation enthalten. (e 1+3) Die Begründung und die Forderungen müssen sprachlich präzise und eindeutig gestaltet sein. (e 2) Die Beweismittel werden hier nur angeführt. Sie befinden sich im Wortlaut in den Anlagen (f).

Durch Reklamation kann in begründeten Fällen erreicht werden:
- ein Austausch der fehlerhaften oder fälschlich gelieferten Ware;
- eine Warennachlieferung;
- eine Zahlungsminderung (Preisnachlaß);
- eine Geldstrafe (Vertrags- oder Konventionalstrafe);
- eine Erstattung zusätzlicher Aufwendungen (Nachbesserungen, Ausfälle in der Produktion);
- der Rücktritt vom Vertrag.

Zu (d): Gestaltungsweise der Betreffzeile

Ausführliche Fassung

О рекламации
    на сроки поставки тракторов
    на просрочку поставки[1] тракторов
    на поставку тракторов
    на недостачу[2] тракторов   по контракту № ...
    в связи с недостачей тракторов
    на качество тракторов
    по качеству товаров
    на просрочку платежа[3] тракторов
    на недоплату[4] тракторов
    в связи с дефектностью товара

[1] Lieferverzug
[2] Minderlieferung
[3] Zahlungsverzug
[4] Minderbezahlung

Verkürzte Fassung

О сроках поставки тракторов
О просрочке поставки тракторов
О поставке тракторов
О недостаче тракторов   по контракту № ...
О качестве тракторов
О качестве товара
О просрочке платежа тракторов
О недоплате тракторов
О дефектности товаров
О рекламации на тракторы
О тракторах

Kurzfassung

О рекламации по контракту № ...
О контракте № ...
О рекламационной претензии

Zu (f): Anlagen – Arten möglicher Beweismittel

(двусторо́нний) акт прие́мки №...	(zweiseitiges) Abnahmeprotokoll Nr. ...
акт экперти́зы №...	Expertise / Gutachten Nr. ...
акт / протоко́л испыта́ний №...	Prüfzeugnis Nr. ...
комме́рческий акт №...	Mängelrüge; Schadensprotokoll; Tatbestandsaufnahme Nr. ...
приёмочный акт №...	Übernahmeprotokoll Nr. ...
накладна́я	Frachtbrief
авиагрузова́я накладна́я	Luftfrachtbrief
автонакладна́я	Straßenverkehrsfrachtbrief
железнодоро́жная накладна́я	Eisenbahnfrachtbrief
коносаме́нт	Seefrachtbrief, Konnossement
авари́йный сертифика́т	Unfallbescheinigung
зака́з №...	Bestellung Nr. ...
контра́кт №..., догово́р ку́пли-прода́жи №...	Kaufvertrag Nr. ...
страховы́е докуме́нты	Versicherungsunterlagen
тамо́женные докуме́нты	Zollpapiere
товаросопроводи́тельные докуме́нты	Warenbegleitpapiere
платёжные докуме́нты	Zahlungspapiere
упако́вочный лист	Packzettel

Außer Reklamationen rechnen wir zu dieser Gruppe von Geschäftsbriefen auch die Briefsorte **Antwort auf Reklamationen** (4.14.). Reklamationsschreiben sind unbedingt zu bearbeiten und zu beantworten, um Geschäftsbeziehungen, vor allem langjährige, nicht über Gebühr zu belasten und um nachteilige Rechtsstreitigkeiten zu vermeiden. Da die Bearbeitung einer Reklamation in den meisten Fällen einige Zeit in Anspruch nimmt, ist der reklamierenden Firma umgehend ein Zwischenbescheid über den Eingang der Reklamation zuzustellen. Die Antwort auf eine Reklamation kann mit Abstufungen von der vollen Akzeptanz bis zur Ablehnung der Ansprüche reichen.

Zur dritten Gruppe von Geschäftsbriefen zählen wir Sorten, die im Rahmen des Geschäftsverkehrs meist auf die Inhalte der beiden ersten Gruppen von Geschäftsbriefen Bezug nehmen, ihnen jedoch nicht zuzurechnen sind. Sie sind aber als Briefsorte auch über den Rahmen der Geschäftskorrespondenz hinaus in anderen Bereichen des privaten oder öffentlichen Schriftverkehrs, selbverständlich mit anderen Inhalten, sehr verbreitet. Zu dieser Gruppe rechnen wir:

Mitteilung (4.1.)	письмо́-сообще́ние
Zwischenbescheid (4.1.)	предвари́тельное уведомле́ние
Begleitbrief (4.2.)	сопроводи́тельное письмо́
Bestätigung (4.3.)	письмо́-подтвержде́ние
Bitte (4.4.)	письмо́-про́сьба
Dankschreiben (4.5.)	письмо́-благода́рность
Einladung (4.6.)	письмо́-приглаше́ние

Diese Briefsorten sind als Geschäftsbriefe im allgemeinen verhältnismäßig kurz und inhaltlich einfach; ihr Informationsvolumen ist meist relativ gering und gut überschaubar. Dennoch spielen diese Briefe im Geschäftsverkehr eine wichtige Rolle.Sie sind unverzichtbare Bestandteile im Gesamtkontext des geschäftlichen Briefwechsels. Wegen der Kürze dieser Briefe kann die Betreffzeile entfallen.

Die in diesen Briefen gebräuchlichen sprachlichen Wendungen und Strukturen sind auch vielgenutzte Bestandteile der übrigen Geschäftsbriefe. Die dauerhafte Aneignung dieser sprachlichen Mittel schafft günstige Voraussetzungen für die Aneignung der in den beiden ersten Gruppen angebotenen Briefsorten.

Je mehr Bestandteile ein konkreter kürzerer Geschäftsbrief aufweist, desto häufiger erweisen sich die Grenzen der Zuordnung der Briefe zu einzelnen Briefsorten als fließend, ergeben sich kombinierte Varianten, wie z.B. im ✉ 4/14, S. 36, wo eine Kombination von Zwischenbescheid und Bitte vorliegt.

Die vierte Gruppe der im vorliegenden Lehrbuch vorgestellten Geschäftsbriefe umfaßt zwei Sorten und hat Firmen und Auslandsvertretungen zum Gegenstand. Die erste Sorte (4.15.) betrifft **Referenz- und Bonitätsersuchen** bezüglich möglicher Handelspartner im Vorfeld der Anbahnung von Geschäftsbeziehungen im internationalen Handel. Bei der zweiten Sorte (4.16.) handelt es sich um das **Vertretungsangebot** zur Übernahme bzw. zur Einrichtung der Vertretung einer Firma im Ausland.

Viele Firmen exportieren ihre Waren bzw. beziehen verschiedene (Zuliefer-)Produkte aus dem Ausland. In der Regel geschieht dies bei stark import-/exportorientierten Firmen über im Ausland tätige
– Vertreter (представи́тели);
– firmeneigene Filialien (филиа́лы) / Auslandsvertretungen
 (иностра́нные представи́тельства);
– Tochtergesellschaften (доче́рние о́бщества) oder
– ausländische, dort ansässige Absatzmittler (торго́вые посре́дники, торго́вые ма́клеры, коммиссионе́ры, коммивояжёры).

Briefwechsel zur Wahrnehmung solcher Vertretungen ist daher für einschlägige Firmen von großer Bedeutung.

Ähnlich wie das Briefsortenkapitel 4.9. (Bestellung/Auftrag) ist auch 4.16. mit einem Anhang ausgestattet. Er enthält als Muster zur sprachlichen Rezeption ebenfalls zwei Dokumente, die keine Geschäftsbriefe sind, aber für diesen Bereich der Geschäftstätigkeit gravierende Bedeutung besitzen: eine **Mustervereinbarung** (аге́нтское соглаше́ние) **für eine Auslandsvertretung** und eine **Vollmacht** (дове́ренность) für einen Auslandsvertreter. Auch in diesem Falle soll der Nutzer dieses Lehrbuches mit derartigen Dokumenten nur bekanntgemacht, nicht aber befähigt werden, sie selbst zu verfassen.

Zum Abschluß dieses Kapitels 3 bleibt zu vermerken, daß prinzipiell alle Geschäftsbriefe sowohl sachgerecht und rationell als auch klar und kundenfreundlich abzufassen sind. In jüngster Zeit gibt es in Rußland Bestrebungen, den unpersönlichen und oft schwerverständlichen Geschäftsstil aus den Jahrzehnten der Planwirtschaft durch ein persönlich ansprechendes und gut verständliches Russisch zu ersetzen.

4. Arten der Geschäftskorrespondenz

4.1. Mitteilung – Письмо-сообщение

4.1.1. Einleitung

Eine Mitteilung ist eine vom Inhalt her recht breit gefächerte Sorte von Geschäftsbrief, deren Gegenstand verschiedenste Momente eines Geschäftsganges sein können. Oftmals dient sie als Zwischenbescheid bei der Abwicklung eines Geschäfts.
Der Mitteilung sehr nahestehende Sorten sind u. a. das Begleitschreiben, das das Anliegen einer Sendung avisiert, und die Bestätigung einer Information, einer Verbindlichkeit und u. a. m.
Eine briefliche Mitteilung (письмо́-сообще́ние) als Zwischenbescheid (предвари́тельное уведомле́ние) im Geschäftsverkehr weist vielfach folgende Bestandteile auf:

(a) Bezugnahme (ссы́лка) auf einen vorausgegangenen schriftlichen oder mündlichen Kontakt (Brief, Telex, Telefax; Begegnung, Gespräch, Telefonat, Absprache oder ein geschäftliches Dokument)
(b) Ankündigung der Mitteilung (указа́ние на сообще́ние)
(c) Ausgangsmitteilung (исхо́дное сообще́ние)
(d) Folgemitteilung (сообще́ние-сле́дствие)

(a) und (b) sind überwiegend keine selbständigen Sätze, sondern zusammen mit (c) Teile mehrgliedriger Satzgefüge (z.B. Satz 1 in ✉ 4/1 und ✉ 4/2). Diese Art Satzkonstruktion ist typisch für den Textanfang in verschiedensten Sorten von Geschäftsbriefen.

Die Geschäftsbriefsorte Mitteilung enthält zumeist mehr als eine Mitteilung. In vielen Fällen folgt/folgen auf die erste oder Ausgangsmitteilung eine oder mehrere weitere, hier Folgemitteilung(en) genannt. Im ✉ 4/1 z.B. folgt auf die Ausgangsmitteilung, daß der erbetene Katalog vergriffen ist, die Information, wann die nächste Ausgabe zu erwarten ist.

4.1.2. Musterbriefe

✉ 4/1

Уважаемые господа!

Ссылаясь на Ваше письмо от ..., сообщаем Вам, что, к сожалению, все экземпляры запрошенного[1] каталога распроданы[2]. Следующий выпуск[3] будет в конце III квартала.

С уважением

[1] erbeten
[2] vergriffen
[3] nächste Herausgabe

✉ 4/2

Уважаемые господа!

В ответ на Ваш факс от ... сообщаем Вам, что мы не получили упомянутого Вами письма[1] от ... и поэтому, к сожалению, не могли учесть[2] Ваш заказ на 1200 кофеварок[3] типа "Экстра". Последняя партия распродана. Следующая предполагается в мае 199... г. после капитального ремонта[4] этого участка.

С уважением

[1] den von Ihnen erwähnten Brief
[2] berücksichtigen
[3] Kaffeemaschine
[4] Generalreparatur

✉ 4/3

Уважаемые господа!

Считаем необходимым поставить Вас в известность, что мы не в состоянии[1] выполнить Ваш заказ в срок[2].
Просим отсрочки[3] до конца квартала.

С уважением

[1] in der Lage sein
[2] den Auftrag fristgemäß zu erledigen
[3] Aufschub

✉ **4/4** mit Personaladresse und -angaben zur Unterschrift

> Директору Петербургского
> кирпичного завода[1] "Пирамида"
> М.И. Матросову
>
> Уважаемый господин Матросов!
>
> Прошу срочно отгрузить кирпич[2] в адрес треста № 5 в количестве 400 тыс. штук.
>   В случае неполучения его до 20.11.93 г. будут выставлены претензии с требованием штрафных санкций[3] в Госарбитраже[4].
>
> С уважением
>
> Директор треста № 5
> Балтстройкомбината   И.К. Богомолов

[1] Ziegelei
[2] Ziegel
[3] Strafmaßnahmen
[4] Schiedsgericht

4.1.3. Sprachliche Wendungen und Strukturen

(a) Bezugnahme auf vorausgegangene Kontakte (Ссылка на предыдущие контакты)

1

Ссылаясь на
  Ваше письмо от 3 августа, ...
  наш телефонный разговор, ...
  нашу договорённость
    касательно поставки нефти, ...
 	
    относительно спецификации, ...
 	
В ответ на Ваше письмо от 14 мая ...
 	
В связи с Вашим письмом от 1 марта ...
	Bezugnehmend auf
	  Ihren Brief vom 3.August, ...
	  Ihr Telefonat, ...
	  unsere Absprache
	    bezügl. der Erdöllieferung, ...
	    bezügl. der Stückliste, ...
	
	In Beantwortung Ihres
	  Briefes vom 14. Mai ...
	In Verbindung mit Ihrem Brief
	  vom 1. März ...

2/3

(b) Ankündigung einer Mitteilung (Указание на предстоящее сообщение)

```
┌─1──────────────────────────────────────┐
│ ┌─2──────────────────────────────────┐ │
```

sehr neutral und oft gebraucht: Сообщаем /Вам/, что ...	Wir teilen /Ihnen/ mit, daß ...
förmlicher, offizieller: Информируем Уведомляем /Вас / о том /, что ... Извещаем	Wir möchten Sie /darüber/ informieren, daß ... Wir möchten Sie /davon/ benachrichtigen, daß ... Wir möchten Ihnen mitteilen daß ...
gehobener offizieller Stil: Доводим до Вашего сведения, что ... Ставим Вас в известность, что ...	Wir geben Ihnen zur Kenntnis, daß ... Wir möchten Sie davon in Kenntnis setzen, daß ...

Mitteilung

```
┌─1──────────────────────────────────────┐
│ ┌─3──────────────────────────────────┐ │
```

Позвольте /разрешите проинформировать Вас о ... о том, что ...	Gestatten Sie, Sie zu informieren über ... darüber zu informieren, daß ...
Ankündigung einer meist unerfreulichen Mitteilung: Считаем необходимым поставить Вас в известность, что ...	Wir erachten es für notwendig, Sie davon in Kenntnis zu setzen, daß ...
Ankündigung einer erfreulichen Mitteilung: Нам приятно сообщить /Вам/, что ... Мы рады сообщить /Вам/, что ...	Wir freuen uns, Ihnen mitteilen zu können, daß ... Es freut uns, Ihnen mitteilen zu können, daß ...

Mitteilung

(c) und **(d)** Ausgangs- und Folgemitteilung

Sprachliche Wendungen und Strukturen von geschäftlichen Mitteilungen sind so vielfältig wie die Geschäftsabläufe in ihren Details. Sie erscheinen nicht an dieser Stelle, sondern bei den entsprechenden Sprachmaterialangeboten in den Kapiteln 4.2. - 4.16.

4.1.4. Übungen

1. Übersetzen Sie ✉ 4/1 – 4/4 ins Deutsche.

2. Setzen Sie andere Wendungen der Bezugnahme an die Stelle der in ✉ 4/1 – 4/3 verwendeten.

3. Prüfen Sie, welche anderen Wendungen der Ankündigung der Mitteilung an die Stelle der in ✉ 4/1 – 4/3 verwendeten treten können und ob sich dadurch stilistische oder gar inhaltliche Veränderungen der betreffenden Briefe ergeben.

✗ 4. Geben Sie den ✉ 4/3 in Telex-Umschrift wieder (ohne Anrede, ohne abschließende Grußformel)
 a) als vollständigen (ungekürzten) Text,
 b) in gekürzter Fassung.

✗ 5. Übersetzen Sie ins Russische:
 a) In Beantwortung Ihres Briefes vom ... freuen wir uns, Ihnen mitteilen zu können, daß Herr Nowikow das erbetene Qualitätsgutachten über den neuen Radiator (радиатор) überbringen wird (переда/ва/ть).
 b) Bezugnehmend auf unser Telefongespräch über ein Treffen (встреча) mit unserem kaufmännischen Direktor (коммерческий директор) Herrn Hermann, möchten wir Sie davon in Kenntnis setzen, daß Herr Hermann vom 3. – 6. Juni 19.. in St. Petersburg an der internationalen Ausstellung INTERENERGETIKA teilnimmt (принимать/принять участие в чём-л.).
 c) Wir teilen Ihnen zu Ihrer Information mit, daß wir bei unserem Treffen mit dem Direktor Ihrer Firma Herrn Sorokin in Moskau auch bereit sind, Fragen der Lieferung von Erdgas (природный газ) zu erörtern (обсудить).

6. Verfassen Sie einen Zwischenbescheid unter Verwendung folgender Angaben:
 a) Bezugnahme auf Absprache mit ...; in Kenntnis setzen; INTERBANK gewährt Kredit für das Projekt der neuen Fabrik (предоставлять кредит на что-л.); ausführlicher (подробное) Brief folgt (следует).
 b) Information; Absprache bezüglich der Lieferung von Erdgas; bleibt gültig (остаётся в силе) bis Ende 19... .

4.2. Begleitbrief – Сопроводительное письмо

4.2.1. Einleitung

Ein Begleitbrief ist in der Regel sehr kurz. Er liegt, wie sein Name sagt, einer Sendung bei und informiert den Adressaten darüber, welche Unterlagen bzw. Materialien mit der betreffenden Sendung in seine Hände gelangen.

Ein Begleitbrief (сопроводи́тельное письмо́, auch препроводи́тельное письмо́) weist im allgemeinen folgende Bestandteile auf:

> (a) Bezugnahme (ссы́лка) auf einen vorausgegangenen schriftlichen oder mündlichen Kontakt, der mit den als Anlage beigefügten Unterlagen bzw. Materialien im Zusammenhang steht
> (b) Versand (отправле́ние) und Angabe der beigefügten Materialien (указа́ние прило́женного материа́ла)
> (c) Folgemitteilung (сообще́ние-сле́дствие) bezüglich einer erbetenen Reaktion auf die übermittelten Materialien
>
> außerhalb des eigentlichen Brieftextes unbedingt:
> (d) Anlagevermerk (отме́тка о нали́чии приложе́ния) (siehe Kapitel 1.10.)

(a) und (b) bilden überwiegend zusammen einen Satz. Das heißt, der Text eines Begleitbriefes besteht in zahlreichen Fällen nur aus einem Satz. Vielfach wird dabei auch der Freude darüber Ausdruck verliehen, dem Geschäftspartner mit dieser Sendung einen Gefallen erweisen zu können.
(c) kann, muß aber nicht Bestandteil eines Begleitbriefes sein. Je nach Bedeutung der Sendung wird z.B. um eine Bestätigung des Empfangs gebeten, oder es wird um die Rücksendung eines unterschriebenen Vertragsexemplares nachgesucht u.a.m.
(d) ist außerhalb des eigentlichen Brieftextes fester Bestandteil eines Begleitbriefes.

4.2.2. Musterbriefe

✉ 4/5

> Уважаемые господа!
>
> При этом направляем Вам копию договора на поставку строительных машин[1].
>
> С уважением
>
> Приложение: на 5 л. в 1-м экз.

[1] Lieferung von Baumaschinen

✉ 4/6

> Уважаемые господа!
>
> В ответ на Вашу просьбу от ... мы с удовольствием посылаем Вам интересующие Вас каталоги.
>
> С уважением
>
> Приложение: упомянутое в 3-х экз.

✉ 4/7

> Уважаемый господин Смирнов!
>
> В соответствии с Вашей просьбой высылаем необходимую[1] Вам инструкцию по эксплуатации и техническую документацию № 2 на рентгеновское оборудование[2].
> Получение просим подтвердить.
>
> С уважением
>
> Приложения: 1) инструкция по эксплуатации на 4 л. в 4 экз. каждый.
> 2) техническая документация № 2 на 9 л. в одном экз.

[1] notwendige, dringend gebrauchte
[2] Röntgeneinrichtungen

4.2.3. Sprachliche Wendungen und Strukturen

(a) Bezugnahme auf vorausgegangene Kontakte
(Ссылка на предыдущие контакты) in Ergänzung von 4.1.3. (a)

1	2
Согласно Вашей просьбе ... В соответствии с Вашим запросом ... На основании Контракта № ... В подтверждение нашей договорённости ...	Entsprechend Ihrer Bitte ... Gemäß Ihrer Anfrage ... Auf Grund des Vertrages Nr. ... Als Bestätigung unserer Absprache ...

(b) Versand (отправление)

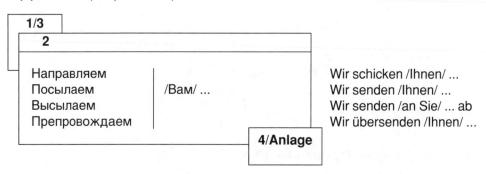

Beachten Sie die unterschiedliche Verwendung der Aspekte in den Kästen 2 und 6!

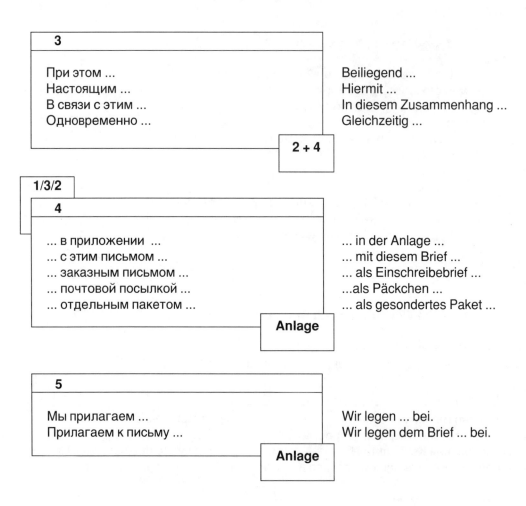

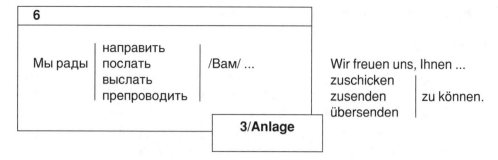

Sprachmaterial zu **Anlage**: siehe Kapitel 1.10.

(c) Folgemitteilung (сообщение-следствие)

Получение просим подтвердить.	Wir bitten, den Empfang zu bestätigen.
Просим Вас подписать договор и вернуть нам один экземпляр.	Wir bitten, den Vertrag zu unterschreiben und ein Exemplar an uns zurückzusenden.

4.2.4. Übungen

1. Übersetzen Sie ✉ 4/5 – 4/7 ins Deutsche.

2. Fügen Sie in ✉ 4/6 und 4/7 geeignete Wendungen bezüglich der benutzten Art von Postsendung ein (siehe Kasten 4).

3. Formen Sie ✉ 4/6 und 4/7 unter Verwendung der Konstruktion mit „Мы рады ..." (siehe Kasten 6) um.

✗ 4. Übersetzen Sie ins Russische:
Gemäß unserer Absprache übersenden wir Ihnen in der Anlage das erbetene Muster. Wir bitten Sie, (uns) den Empfang zu bestätigen.

✗ 5. Ersetzen Sie im Text der eben absolvierten Übung 4 „Muster" durch im Russischen zwei- und mehrgliedrige Bezeichnungen aus der Übersicht in Kapitel 1.10.

6. Verfassen Sie Begleitschreiben unter Verwendung folgender Angaben:
a) Entsprechend Bitte; Einschreibebrief; dringend gebrauchte Instruktionen und Zeichnungen; Anlagevermerk.
b) Legen dem Brief das interessierende Gutachten über das neue Zusatzgerät (комплектующий прибор) bei; Anlagevermerk.

4.3. Bestätigung – Письмо-подтверждение

4.3.1. Einleitung

Die Bestätigung ist eine der kürzeren Geschäftsbriefsorten, bei der zwei inhaltlich verschiedene Arten zu unterscheiden sind: a) die Empfangsbestätigung und b) die Zustimmung. Das Gegenteil von a) ist die Fehlanzeige und von b) die Ablehnung.

Die Empfangsbestätigung informiert den Absender einer Nachricht, einer Sendung oder Lieferung darüber, daß sie den Adressaten erreicht hat. Eine solche Bestätigung des Eingangs ist beim Versand geschäftlicher Dokumente und bei Warenlieferungen die Regel, in anderen Fällen wird sie vom Absender ausdrücklich erbeten.

Die Zustimmung informiert den Geschäftsmann, daß der Geschäftspartner mit bestimmten Dokumenten oder einzelnen Geschäftsbedingungen (Terminen, Preisen usw.) einverstanden ist.

Beide Arten der Bestätigung können in einem Schreiben vereint sein. Ebenso kann die Bestätigung des Empfangs eines Angebotes mit dessen Ablehnung verbunden sein.

Eine Bestätigung (письмо́-подтвержде́ние, auch подтверди́тельное письмо́) weist im allgemeinen folgende Bestandteile auf:

(a) Bestätigung (подтвержде́ние)
(b) Angabe des Gegenstands der Bestätigung
   (указа́ние предме́та подтвержде́ния)
   1) einer empfangenen Nachricht, einer Sendung oder Lieferung,
      oft mit einer Wendung des Dankens verbunden
   2) des Inhalts eines Geschäftsdokuments, einzelner Geschäftsbedingungen
(c) Folgemitteilung (сообще́ние-сле́дствие) von ganz unterschiedlichem
    Informationswert

(a) weist Unterschiede auf, je nachdem, ob es sich auf (b 1) oder (b 2) bezieht.
(a) und (b) sind in der Regel Bestandteil ein und desselben Satzes. Das heißt, der Text eines Begleitbriefes besteht oft nur aus einem Satz, bei 1) zumeist auch einschließlich des Dankes für die betreffende Nachricht, Sendung oder Lieferung.
(c) kann, aber muß nicht Bestandteil einer Bestätigung sein.

4.3.2. Musterbriefe

✉ **4/8** Empfangsbestätigung (Antwort auf ✉ 4/6, S. 29)

Уважаемые господа!

С благодарностью подтверждаем получение Вашего заказного письма с приложенными каталогами.

С уважением

✉ **4/9** Empfangsbestätigung mit Folgemitteilung (Antwort auf ✉ 4/4, S. 25)

> Уважаемый господин Богомолов!
>
> Мы получили Ваше письмо от 25 октября и приняли необходимые меры[1], чтобы ускорить[2] отгрузку кирпича.
>
> С уважением

[1] notwendige Maßnahmen ergreifen
[2] beschleunigen

✉ **4/10** Empfangsbestätigung mit Folgemitteilung (Antwort auf ✉ 4/9)

> Уважаемый господин Матросов!
>
> Благодарим Вас за Ваше письмо от 2 ноября. Мы приняли к сведению[1], что кирпичи по нашему заказу № 2041 будут отгружены Вами в срок.
>
> С уважением

[1] zur Kenntnis nehmen

✉ **4/11** Zustimmung

> Уважаемые господа!
>
> Подтверждаем дату переговоров в Новгороде 26 сентября с. г.[1]
>
> С уважением

[1] сего года – dieses Jahres

✉ **4/12** Empfangsbestätigung und Zustimmung

> Уважаемые господа!
>
> Ваше письмо от 12 декабря нами получено. Подтверждаем указанные[1] в нём сроки поставки[2].
>
> С уважением

[1] angegebene
[2] Lieferfristen

4.3.3. Sprachliche Wendungen und Strukturen

(a) Empfangsbestätigung

Подтверждаем ...
С благодарностью подтверждаем
   получение Вашего ...
Мы получили Ваше письмо от ... .
 	
Ваше письмо от ... нами получено.
 	
Благодарим
   Вас за Ваше письмо от ...
   за Ваш заказ, который мы получили.
	Wir bestätigen ...
	Dankend bestätigen wir
	   den Empfang Ihres ...
	Wir haben Ihren Brief
	   vom ... erhalten.
	Ihren Brief vom ... haben wir
	   erhalten.
	Wir danken
	   Ihnen für Ihren Brief vom ...
	   für Ihren Auftrag
	     (Ihre Bestellung), den (die)
	     wir erhalten haben.

(b) Zustimmung

/Мы/ подтверждаем
   нашу договорённость от ...
   условия поставки в письме от ...
 	
   предложенные Вами цены от ...
	Wir bestätigen
	   unsere Absprache vom ...
	   die Lieferbedingungen im
	     Brief vom ...
	   die von Ihnen vorgeschla-
	     genen Preise vom ...

4.3.4. Übungen

1. Übersetzen Sie ✉ 4/8 - 4/12 ins Deutsche.

2. Bilden Sie Sätze nach dem Muster des ✉ 4/8 unter Verwendung von Sprachmaterial von 4.2.3., Kasten 4 (Arten von Postsendungen) und 1.10. (Arten von Anlagen).

3. Geben Sie den ✉ 4/12 in Telex-Umschrift wieder (ohne Anrede, ohne abschließende Grußformel)
a) als vollständigen (ungekürzten) Text,
b) in gekürzter Fassung.

4. Übersetzen Sie ins Russische:
a) Wir danken Ihnen für Ihren Brief vom 5. Juli dieses Jahres und bestätigen hiermit die in ihm angegebenen Zahlungsbedingungen.
b) Ihren Brief vom 12. August haben wir erhalten. Wir bestätigen die darin vorgeschlagenen Bedingungen des Vertrages mit Ihnen.

5. Verfassen Sie eine Bestätigung unter Verwendung folgender Angaben:
a) Bestätigung mit Dank; dringend benötigte Beschreibung; neues Aggregat (агрегат - im Russischen nur mit einem "г"!).
b) Bestätigung; Liefertermin; Ziegel; Brief vom ... .

4.4. Bitte – Письмо-просьба

4.4.1. Einleitung

Die Bitte als kürzere Geschäftsbriefsorte findet vor allem Verwendung, wenn eine geschäftliche Auskunft oder eine Geschäftsunterlage erbeten wird bzw. um die Präzisierung einzelner Geschäftsbedingungen nachgesucht wird.

Mit einer Bitte erfolgt in der Regel auch der erste Schritt bei der Anbahnung eines Geschäfts. Dieser besondere Fall bildet eine eigenständige Geschäftsbriefsorte: die Anfrage (запрос; siehe 4.7.).

Ausdrucksweisen des Bittens spielen generell als Höflichkeitsformen auch in anderen Geschäftsbriefsorten eine bedeutende Rolle.

Eine Bitte (письмо-просьба) setzt sich im allgemeinen aus folgenden Bestandteilen zusammen:

> (a) Bezugnahme (ссылка) auf vorangegangene geschäftliche Kontakte
> (b) Bitte (просьба) mit einem reich gegliederten Paradigma abgestufter Ausdrucksweisen
> (c) Angabe des Gewünschten (указание желаемого)
> (d) Anlaß zur Bitte (повод для просьбы)

(b) und (c) sind obligatorische Bestandteile jeder Bitte in Briefform. In der Regel sind beide Teile auch in einem Satz (Satzgefüge) vereint. (a) ist die Regel, wenn der Bitte bereits bestimmte geschäftliche Kontakte vorausgegangen sind. (d) ist ein fakultativer Bestandteil, der zumeist Satzqualität erlangt und auch am Anfang des Brieftextes stehen kann.

4.4.2. Musterbriefe

✉ 4/13

> Уважаемые господа!
>
> Просим Вас прислать нам подробное описание хирургических инструментов, экспонированных[1] Вами на международной выставке ИНТЕРМЕДТЕХ в Москве.
>
> С уважением

[1] ausstellen

✉ **4/14** Antwort auf ✉ 4/13 als Zwischenbescheid in der Form einer Bitte

> Уважаемые господа!
>
> Благодарим Вас за Ваш интерес к изделиям нашей фирмы.
>
> Просим сообщить, какие из 47 различных инструментов, экспонированных нами на выставке в Москве, Вас интересуют, и мы не замедлим[1] выслать Вам их подробное описание.
>
> С уважением

[1] zögern

✉ **4/15**

> Уважаемые господа!
>
> Обращаемся к Вам с просьбой по возможности[1] ускорить поставки запчастей[2] для генераторов, которым грозит простой[3].
>
> С уважением

[1] nach Möglichkeit
[2] запчасть = запасная часть – Ersatzteil
[3] Stillstand droht

✉ **4/16**

> Уважаемые дамы и господа!
>
> Мы заинтересованы в импорте компьютеров. Мы будем весьма признательны Вам, если Вы пришлёте нам список[1] фирм в Германии, предлагающих этот товар.
>
> С уважением

[1] Verzeichnis

✉ **4/17**

> Уважаемый господин Иванов!
>
> Торгово-промышленная палата[1] в Москве сообщила нам, что Вы являетесь генеральным агентом фирмы ... по экспорту полиграфического оборудования.
>
> Мы были бы Вам весьма благодарны, если бы Вы прислали нам каталог полиграфических машин, которые производятся на Ваших заводах.
>
> С уважением

[1] Industrie- und Handelskammer

4.4.3. Sprachliche Wendungen und Strukturen

(a) Sprachmaterial zur Bezugnahme auf vorausgegangene Kontakte: siehe 4.1.3. (a) und 4.2.3 (a).

(b) Bitte (Просьба)

Direktes Bitten (mit просить, просьба)

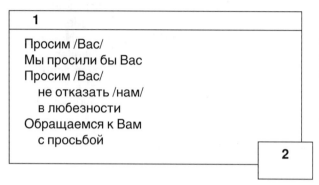

Просим /Вас/
Мы просили бы Вас
Просим /Вас/
   не отказать /нам/
   в любезности
Обращаемся к Вам
   с просьбой

Wir bitten Sie,
Wir möchten Sie bitten,
Wir bitten um Ihr
   freundliches
   Entgegenkommen,
Wir wenden uns an
   Sie mit der Bitte,

прислать
выслать
направить   /нам/ ...
сообщить
подтвердить

Ware + Informationsmaterial

(uns) ... zu schicken,
zu senden,
mitzuteilen,
zu bestätigen.

Indirektes Bitten (mit Wendungen des Dankens)

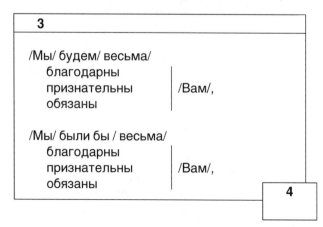

/Мы/ будем/ весьма/
   благодарны
   признательны   /Вам/,
   обязаны

/Мы/ были бы / весьма/
   благодарны
   признательны   /Вам/,
   обязаны

Wir werden Ihnen /sehr/
   dankbar
   verbunden
   zu Dank verpflichtet sein,

Wir wären Ihnen /sehr/
   dankbar,
   verbunden,
   zu Dank verpflichtet,

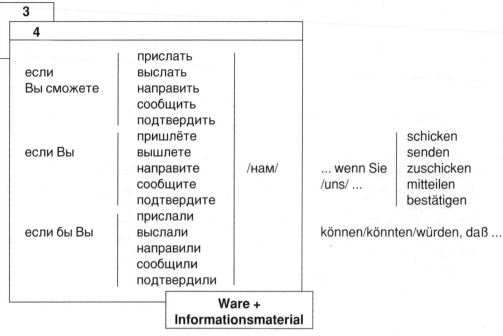

Weitere Wendungen des indirekten Bittens

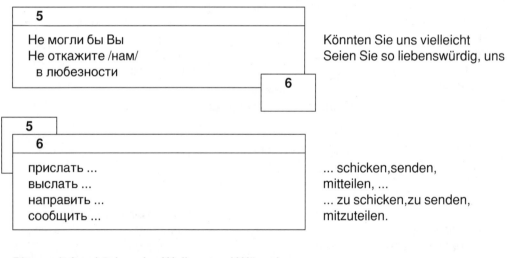

Bitten mit Ausdrücken des Wollens und Wünschens

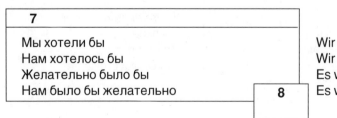

7	
8	
получить ...	... (zu) bekommen
ознакомиться с ...	sich vertraut (zu) machen mit ...

Bitten mit пожалуйста

Сообщите /нам/, пожалуйста, ...	Teilen Sie /uns/ bitte mit, ...

Beachten Sie, daß bei den Wendungen des direkten und indirekten Bittens alle Verben in der hinteren Position Formen des vollendeten Aspekts sind.

(c) Was erbeten werden kann, ist so vielfältig, daß darauf hier nicht eingegangen wird.

(d) Anlaß zur Bitte (Повод для просьбы)

Нас интересуют Ваши изделия.	Uns interessieren Ihre Erzeugnisse.
Мы заинтересованы в Ваших изделиях.	Wir sind an Ihren Erzeugnissen interessiert.

4.4.4. Übungen

1. Übersetzen Sie ✉ 4/13 – 4/17 ins Deutsche.

2. Ersetzen Sie in ✉ 4/13 und 4/15 die Wendungen des Bittens durch andere aus den Feldern des direkten und indirekten Bittens.

3. Geben Sie an, welche der bei (b) verwendeten Wendungen des Bittens
a) schlicht und einfach, b) merklich höflicher, c) besonders höflich sind.

✗ **4.** Geben Sie den ✉ 4/15 in Telex-Umschrift wieder (ohne Anrede, ohne abschließende Grußformel)
a) als vollständigen (ungekürzten) Text, b) in gekürzter Fassung.

✗ **5.** Übersetzen Sie ins Russische:
a) Wir bestätigen dankend den Empfang Ihres Katalogs. Da (так как) wir an Ihren Erzeugnissen besonders interessiert sind, wären wir Ihnen sehr verbunden, wenn Sie uns auch die neueste Preisliste schicken würden. Könnten Sie uns vielleicht auch Ihre Lieferbedingungen mitteilen?
b) Bezugnehmend auf Ihr Schreiben vom ... wären wir Ihnen sehr dankbar, wenn Sie uns auch ein Muster Ihres neuesten Modells zuschicken könnten.

6. Verfassen Sie Bitten unter Verwendung folgender Angaben:
a) Interesse an Traktoren; Bitte um die technischen Daten der Traktoren; wünschenswert auch eine Preisliste.
b) Empfangsbestätigung der Mitteilung über die Lieferung der neuen Kompressoren; Bitte um eine Stückliste der Ersatzteile für die Maschinen vom Typ ZAS.

4.5. Dankschreiben – Письмо-благодарность

4.5.1. Einleitung

Ein Dankschreiben als Geschäftsbriefsorte ist eine besondere Art der Bestätigung dafür, daß bestimmte geschäftliche Schritte des Adressaten für den Verfasser des Briefes von Nutzen gewesen sind. Dankschreiben sind keine Routineschreiben. Auch wenn sie oft sehr kurz ausfallen, sind sie Ausdruck einer besonderen Aufmerksamkeit gegenüber dem Adressaten. Ausdrucksweisen des Dankens spielen als Höflichkeitsformen auch in anderen Geschäftsbriefsorten eine wichtige Rolle.

Ein Dankschreiben (письмо́-благода́рность, auch благода́рственное письмо́) setzt sich im allgemeinen aus folgenden Bestandteilen zusammen:

> (a) Mitteilung über die dankenswerte Maßnahme
>   (сообще́ние о предме́те благода́рности)
> (b) Dank (благода́рность)
> (c) Folgemitteilung (сообще́ние-сле́дствие), die die Bedeutung
>   der dankenswerten Maßnahme bekräftigt

(a) ist oftmals ein selbständiger Satz, kann aber auch mit (b) in einem Satz vereint sein. (a) trägt häufig den Charakter der Bestätigung über den Vollzug einer Maßnahme. Bildet (b) einen selbständigen Satz, ist dieser mit einer Mitteilung, sinnverwandt mit (a), angereichert. (c) unterstreicht die Bedeutung der Mitteilung in (a) und (b). (c) ist nicht obligatorisch.

4.5.2. Musterbriefe

✉ 4/18

> Уважаемая госпожа Соколова!
>
> Позвольте поблагодарить Вас за гостеприимство[1], оказанное нашей делегации во время её пребывания[2] в Вашей стране.
>
> С уважением

[1] Gastfreundschaft
[2] Aufenthalt

✉ 4/19 Antwort auf ✉ 4/15, S. 36

> Уважаемые господа!
>
> Подтверждаем получение запрошенных у Вас запасных частей.
> Мы Вам очень признательны за срочную поставку товара. Благодаря его своевременной[1] отгрузке, нам удалось[2] избежать[3] значительного простоя[4] генераторов.
>
> С уважением

[1] rechtzeitig
[2] gelingen
[3] vermeiden
[4] Stillstand, Ausfall

4.5.3. Sprachliche Wendungen und Strukturen

(a) Wofür gedankt werden kann, ist so vielfältig, daß darauf hier nicht eingegangen wird.

(b) Dank (Благодарность)

/Мы/ благодарим /Вас/ Мы благодарны Вам	за ...	Wir danken /Ihnen/ Wir sind Ihnen dankbar	für ...
Мы признательны Вам	за то, что ...	Wir sind Ihnen sehr verbunden	
Выражаем благодарность		Wir möchten Ihnen unseren Dank aussprechen	dafür, daß ...

Мы получили Ваше письмо от ... ,
    за которое /мы/
       Вас благодарим.
       Вам очень благодарны.
       Вам очень признательны.
	Wir haben Ihren Brief vom ...
	    erhalten und
	       danken Ihnen dafür
	       herzlich.
	       sind Ihnen dafür sehr
	       verbunden.

Позвольте поблагодарить Вас
    за Ваше письмо от ... и сообщить, что ...
	Gestatten Sie, Ihnen für Ihren
	    Brief vom ... zu danken
	    und Ihnen mitzuteilen, daß ...

С благодарностью подтверждаем ... Заранее благодарим Вас (за ...)	Dankend bestätigen wir ... Im voraus danken wir Ihnen (für ...)

4.5.4. Übungen

1. Übersetzen Sie die ✉ 4/18 und 4/19 ins Deutsche.

2. Ersetzen Sie in ✉ 4/18 und 4/19 die Wendungen des Dankens durch andere.

✗ 3. Geben Sie den ✉ 4/18 als vollständigen (ungekürzten) Text in Telex-Umschrift wieder (ohne Anrede und ohne abschließende Grußformel).

✗ 4. Übersetzen Sie ins Russische:
   a) Dankend bestätigen wir den Empfang des Päckchens mit den neuesten Katalogen. Wir sind Ihnen sehr verbunden für die beigefügte Preisliste. Sie erleichtert (облегчить) die Arbeit unseres Disponenten (диспонент) sehr.
   b) Wir haben Ihren Brief vom ... erhalten und danken Ihnen dafür. Wir wären Ihnen sehr verbunden, wenn Sie uns auch bald den Liefertermin mitteilen würden. Wir danken Ihnen im voraus.
   Hochachtungsvoll

4.6. Einladung – Письмо-приглашение

4.6.1. Einleitung

Ausstellungen, Geschäftseröffnungen und andere Veranstaltungen gehören zum Geschäftsleben, vor allem zum internationalen. Die Geschäftsbriefsorte Einladung ist in diesem Falle, wie jede solche Veranstaltung, zu der eingeladen wird, eine Form der Öffentlichkeitsarbeit, eine Aufforderung zur Teilnahme an einem Höhepunkt im Geschäftsleben der betreffenden Firma. Entsprechender Sorgfalt bedarf die Abfassung einer Einladung.
Von derartigen Einladungen unterscheiden sich die zu einer geschäftlichen Besprechung, zum Besuch einer Firma. Sie stehen dem Alltag des Geschäftslebens näher. Dabei spielt auch eine Rolle, wer die Kosten z.B.eines Firmenbesuches trägt.
Umfängliche Einladungsschreiben ergehen an potentielle Aussteller einer Messe oder Ausstellung. Diese Schreiben enthalten detaillierte Bedingungen für die Inanspruchnahme eines Messestandes. Solche Einladungen berücksichtigen wir hier nicht.

Eine Einladung (письмó-приглашéние) enthält in der Regel folgende Bestandteile:

> (a) Nennen des Veranstalters (наименовáние организáтора)
> (b) Einladung (приглашéние)
> (c) Nennen der Veranstaltung (наименовáние мероприя́тия)
> (d) Angabe von Ort und Zeitpunkt der Veranstaltung
> (указáние мéста и врéмени мероприя́тия)

(a) – (d) sind obligatorische Bestandteile jeder Einladung, zumeist auch in dieser Reihenfolge. Die inhaltliche und sprachliche Ausgestaltung der einzelnen Bestandteile kann unterschiedlich detailliert sein. (a) kann eine Firma, eine Organisation oder eine Person sein. (b) kann breite Kreise von Gästen ansprechen, oder es handelt sich um Einzeleinladungen für Spitzengäste. (c) nennt mitunter nicht nur die Veranstaltung, sondern kennzeichnet auch knapp ihr Anliegen. (d) enthält meist nur die Standardzeitangaben (Datum, Uhrzeit), die Ortsangabe kann detaillierter sein und auch auf Möglichkeiten der Anfahrt verweisen.

4.6.2. Musterbriefe

✉ **4/20** Einladung zu einem Höhepunkt im Geschäftsleben

> Уважаемый господин ... !
>
> Совместное российско-австрийское предприятие
> ИНТЕРГИДРОТЕХ
> имеет честь пригласить Вас
>
> на официальное открытие Санкт-Петербургского
> филиала нашего предприятия.
>
> Торжественный приём по поводу[1] открытия филиала
> состоится 15 мая с. г. в 14.00 часов в
> ресторане "Речной порт", Невская набережная, 45,
> 2 подъезд.

[1] aus Anlaß

✉ **4/21** Einladung zu geschäftlichen Verhandlungen im Ausland
(diese Einladung ist auch Unterlage für den Antrag auf ein Visum)

> Фирма ФЕНСИ
> факс:(812) 271-09-71
>
> Приглашение
>
> Фирма "Унтернэменс-унд-Маркетинг-бэратунг" приглашает Генерального директора фирмы "ФЕНСИ" Богданова Андрея Максимовича, родившегося 09.05.55 в Челябинской области, посетить Федеративную Республику Германия в период с 15.10. по 01.11.199… года с целью[1] проведения коммерческих переговоров.
> Расходы по пребыванию[2] в Федеративной Республике Германия оплачиваются[3] фирмой "Унтернэменс-унд-Маркетингбэратунг".
>
> С уважением

[1] mit dem Ziel, zwecks
[2] Kosten für den Aufenthalt
[3] werden bezahlt

4.6.3. Sprachliche Wendungen und Strukturen

(a) Veranstalter (siehe Kapitel 1.1.)

(b) Einladung (Приглашение)

1	
Приглашаем /Вас/	Wir laden Sie ein (,)
Имеем честь пригласить Вас	Wir haben die Ehre, Sie einzuladen (,)
Разрешите (Позвольте) пригласить Вас	Gestatten Sie (Erlauben Sie), Sie einzuladen (,)

2	
на ярмарку.	zur Messe.
посетить ярмарку.	die Messe zu besuchen.

3			
/Мы/ будем /весьма/		Wir werden Ihnen /sehr/	
благодарны признательны обязаны	/Вам/, если Вы сможете посетить ...	dankbar sein, verbunden sein, zu Dank ver- pflichtet sein,	wenn Sie ... besuchen /würden/.
/Мы/ были бы /весьма/		Wir wären Ihnen /sehr/	
благодарны признательны обязаны	/Вам/, если бы Вы смогли посетить ...	dankbar, ... usw.	

(c) Veranstaltung (Мероприятие)

(международная) выставка	(internationale) Ausstellung
(международная) ярмарка	(internationale) Messe
демонстрация экспонатов	Vorführung von Exponaten
банкет	Bankett
коктейль	Cocktailempfang
официальное/торжественное открытие	offizielle / festliche Eröffnung
пресс-конференция	Pressekonferenz
приём	Empfang
ужин	Abendessen
встреча с представителем	Begegnung, Treffen mit dem Vertreter
переговоры	Verhandlung(en)
посещение фирмы, предприятия	Besuch der Firma, des Betriebes
совещание	Beratung

4.6.4. Übungen

1. Übersetzen Sie ✉ 4/20 und ✉ 4/21 ins Deutsche.

2. Verfassen Sie
a) eine Einladung in Anlehnung an ✉ 4/20: Vor der Eröffnung wird für den selben Tag zu einer Pressekoferenz eingeladen; 11.00 Uhr, Foyer des Gebäudes der neuen Filiale.
b) eine Einladung des Leipziger Messeamtes (дирекция ярмарки) in Anlehnung an ✉ 4/21: Generaldirektor der Firma MOSSTROJ Iwan Iwanowitsch Grischin, geb. 24.07.1949 in Odessa; Besuch der Bauausstellung (строительная выставка); 6.-12.5.199.; Kosten trägt das Messeamt.

4.7. Anfrage – Запрос

4.7.1. Einleitung

Geschäftliche Anfragen werden dazu verwendet, Kaufangebote einzuholen, um dann das geeignetste auswählen zu können. Anfragen sind prinzipiell rechtlich unverbindlich. Wir unterscheiden allgemeine und bestimmte Anfragen. Anliegen einer allgemeinen Anfrage (общий запрос) ist es, sich einen ersten Überblick über das Angebot des Anbieters zu verschaffen. Eine solche Anfrage ist entsprechend allgemein gehalten. Mit einer bestimmten Anfrage (специа́льный запро́с) werden Informationen über eine ganz bestimmte (spezielle) Ware und deren Kauf- und Lieferbedingungen erbeten. Je präziser in solchen Anfragen die Angaben sind, desto genauer kann der Anbieter darüber in einem konkreten Angebot (предложе́ние) informieren.

Anfragen weisen im allgemeinen folgende Bestandteile auf:

Allgemeine Anfrage - Общий запрос

> (a) Information darüber, wie man auf den Anbieter aufmerksam geworden ist
> (информа́ция о ви́де знако́мства с фи́рмой-продавцо́м)
> (b) Bezeichnung der interessierenden Ware bzw. Warengruppe
> (наименова́ние това́ра или това́рной гру́ппы)
> (c) Bitte um Informationen oder Informationsmaterial
> (про́сьба об информацио́нных материа́лах)
> (d) Dank im voraus

(a) und (b) verbinden sich oft zu einem Satz. Die Bezeichnung der jeweiligen Ware bzw. Warengruppe erfolgt vielfach so, daß das betreffende Gesamtsortiment (това́рный ассортиме́нт) angesprochen wird. (c) erstreckt sich auf Material, wie in Kapitel 1.10. angeführt. Ein Dank im voraus (d) ist nicht obligatorisch, es können auch andere abschließende Wendungen (заключи́тельные оборо́ты) vor der Höflichkeitsschlußformel gebraucht werden, vor allem solche, in denen die Erwartung einer Antwort zum Ausdruck gebracht wird.

Bestimmte Anfrage – Специальный запрос

> (a) Information darüber, wie man auf den Anbieter aufmerksam geworden ist
> (информа́ция о ви́де знако́мства с фи́рмой-продавцо́м)
> (b) Bitte um ein konkretes Angebot (про́сьба о конкре́тном предложе́нии)
> (c) präzise Bezeichnung der Ware, Angabe der gewünschten Menge und des erwarteten Liefertermins (указа́ние коли́чества това́ра и сро́ка поста́вки)
> (d) Bitte um Information über Verkaufs-, Liefer- und Zahlungsbedingungen
> (усло́вия прода́жи, поста́вки и платежа́)
> (e) Bitte um detaillierte Unterlagen über die gewünschte Ware
> (f) Dank im voraus

Charakteristisch für bestimmte Anfragen ist ein häufigeres Vorkommen von Wendungen des Bittens (b), (d) und (e). (a) ist fakultativ und entfällt mitunter bei bereits bestehenden Beziehungen zu dieser Firma; (b) ist mit (a) und (c) inhaltlich eng verbunden und kann sowohl mit (a) als auch mit (c) einen Satz bilden; (c) enthält detaillierte Angaben der Wünsche des Kunden, die durchaus zur Bildung mehrerer Sätze führen können; (d) nennt zumeist nur die Bedingungskomplexe, ohne ins Detail zu gehen; (e) besteht in der Regel aus einer Auflistung der zur Ware gehörigen technischen Unterlagen. Ein Dank im voraus (f) ist nicht obligatorisch, es können auch andere abschließende Wendungen (заключи́тельные оборо́ты) vor der Höflichkeitsschlußformel gebraucht werden, vor allem solche, in denen die Erwartung einer Antwort zum Ausdruck gebracht wird.

4.7.2. Musterbriefe

✉ **4/22** Allgemeine Anfrage
Den „Allgemeinen Anfragen" zuordenbar ist auch ✉ 4/17, S. 36

О запросе на турбогенераторы

Уважаемые господа!

С большим интересом мы прочитали в журнале "Энерготехника" сообщение о том, что Ваша фирма предлагает новое высококачественное поколение турбогенераторов различной мощности[1].
    Некоторые из представленных генераторов могли бы найти применение[2] и на наших гидроэлектростанциях[3]. Мы были бы Вам признательны, если бы Вы направили нам более полные данные по всем машинам этой группы вместе с Вашим текущим прейскурантом цен с указанием условий поставки на экспорт за границу.
    Заранее благодарим Вас.

С уважением

[1] Leistungsfähigkeit
[2] Verwendung
[3] Wasserkraftwerk

4/23 Bestimmte Anfragen (ohne Bezug auf bestehende Beziehungen)

О запросе на поставку гидравлических прессов[1]

Уважаемые господа!

На Венской осенней ярмарке мы посетили Ваш стенд. Нас особенно заинтересовали Ваши новые гидравлические прессы модели ГП 254.
Сообщите, пожалуйста, можете ли Вы сделать нам предложение на поставку 25 таких прессов с программным управлением[2] в соответствии с приложенными техническими условиями, указав Вашу максимальную цену, условия поставки и платежа.
Нам желательно было бы получить прессы во втором и третьем кварталах следующего года приблизительно пятью равными партиями.
Вместе с предложением просим выслать полную техническую документацию.
Предложение просим прислать в 3-х экз.
Заранее благодарим Вас.

С уважением

Приложение: техническая характеристика программного управления 41/35 на 3 листах в 2-х экз.

[1] hydraulische Presse
[2] Programmsteuerung

✉ **4/24** Bestimmte Anfrage (mit Bezug auf bestehende Beziehungen)

> О запросе предложения на запасные части
>
> Уважаемые господа!
>
>   С 1987 г. на нашем пивоваренном заводе[1] работает высокопроизводительный разливочный аппарат[2] модели АА 4/801 Вашей фирмы. Поскольку аппарат интенсивно используется в течение ряда лет, мы срочно нуждаемся в указанных ниже быстроизнашивающихся деталях.
>   Просим Вас выслать в наш адрес предложение в 3-х экземплярах на поставку запасных частей согласно прилагаемой спецификации.
>   В предложении просим Вас указать полное наименование, техническую характеристику и цену по каждой позиции спецификации, а также возможные сроки поставки.
>   Просим также указать дополнительно стоимость упаковки и транспортировки.
>   Заранее благодарим Вас.
>
> С уважением
>
> Приложение: упомянутое на 3 листах

[1] Bierbrauerei
[2] Abfüllanlage

4.7.3. Sprachliche Wendungen und Strukturen

(a) Information darüber, wie man auf den Anbieter aufmerksam geworden ist (Информация о виде знакомства с фирмой-продавцом)

1) In einem selbständigen Satz

1	2
Мы видели Ваше объявление прочитали сообщение	Wir haben Ihre Anzeige gesehen die Mitteilung gelesen

1

2

| в журнале "...", № ..., за май с. г. | in der Zeitschrift "...", Nr. ..., vom Mai dieses Jahres |

3

1 /1+2

3

| о /Вашем новом/ компрессоре КС 23. | über /Ihren neuen/ Kompressor KS 23. |

4

| Мы получили Ваш адрес
  от делового партнёра.
  от торгового представительства.
  от транспортно-экспедиторской фирмы.
  от торгово-промышленной палаты. | Wir haben Ihre Adresse erhalten
  von einem Geschäftspartner.
  von der Handelsvertretung.
  von einer Transportfirma.
  von der Industrie- und Handelskammer. |

5

| Мы видели Ваш стенд на выставке.

 Мы посетили Венскую ярмарку и видели на Вашем стенде новый компрессор КС 23. | Wir haben Ihren Stand auf der Ausstellung gesehen.
 Wir haben die Wiener Messe besucht und an Ihrem Stand den neuen Kompressor KS 23 gesehen. |

2) In einem einleitenden Nebensatz + Bitte um Informationsmaterial

6

| Ссылаясь
  на Ваше объявление
  на сообщение
  на Ваше интервью
  на наши переговоры в прошлом году

  на нашу договорённость
  на наш телефонный разговор
    от 10 марта
  на Ваш факс от 22 сентября | Bezugnehmend
  auf Ihre Anzeige
  auf die Mitteilung
  auf Ihr Interview
  auf unsere vorjährigen Verhandlungen
  auf unsere Absprache
  auf unser Telefongespräch vom 10. März
  auf Ihr Fax vom 22. September |

7/ 8+9 /10

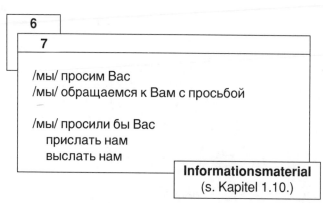

(b) Bitte um ein Angebot (Просьба о предложении)

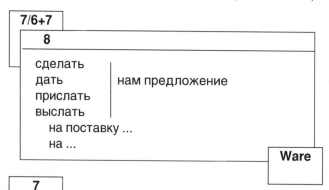

```
    10
Мы будем
Вам /весьма/                              Wir sind
              признательны,                Ihnen sehr
              благодарны,                              verbunden,
              обязаны,                                 dankbar,
                                                      verpflichtet,
Мы были бы                                Wir wären
Вам /весьма/                              Ihnen sehr
                                    11
```

50

10

11

если Вы сообщите нам,	можете ли Вы поставить нам ...		wenn Sie uns mitteilen,	ob Sie uns ... liefern können.
если бы Вы сообщили нам,			wenn Sie uns mitteilen würden,	

12

Мы хотели бы знать, когда в какой срок на каких условиях по какой цене		Wir möchten gern wissen, wann zu welchem Termin zu welchen Bedingungen zu welchem Preis
Вы можете Вы могли бы	поставить нам ...	Sie uns ... liefern können. Sie uns ... liefern könnten.

Bei den Bitten um ein Angebot lassen sich, ähnlich wie bei den direkten und indirekten Bitten in Kapitel 4.4. verschiedene Stufungen des Ausdrucks der Höflichkeit unterscheiden. Das Fenster 7 enthält Wendungen des einfachen und des höflichen und Feld 10/11 des sehr höflichen Bittens. Die Struktur in Feld 12 drückt einen Wunsch aus, ohne ausdrücklich eine Bitte zu sein.

(c) Bezeichnung von Waren (Наименование товаров)

Die Anzahl genauer Warenbezeichnungen ist unüberschaubar.
Beispiele finden Sie unter 5.1. und 5.3.

(d) Abschließende Wendungen (Заключительные обороты)

Nachstehende Wendungen schließen den Text des Briefes ab.
Ihnen folgt nur noch die Standardformel С уважением (Hochachtungsvoll).

Заранее благодарим /Вас/.	Wir danken im voraus.
Заранее благодарим /Вас/ и остаёмся	Wir danken im voraus und verbleiben / Im voraus dankend, verbleiben wir

Остаёмся В ожидании Вашего 　/подробного/ предложения 　/скорого/ ответа 　　остаёмся Ожидаем 　Ваше предложение(.) 　Ваш ответ (.) 　/и остаёмся/	Wir verbleiben In Erwartung Ihres 　/ausführlichen/ Angebots 　Ihrer /baldigen/ Antwort 　　verbleiben wir Wir erwarten 　Ihr Angebot(.) 　Ihre Antwort(.) 　/und verbleiben/

4.7.4. Übungen

1. Übersetzen Sie die ✉ 4/22 – 4/24 ins Deutsche.

2. Ersetzen Sie in den ✉ 4/23 und ✉ 4/24 jeweils zwei Konstruktionen mit просим durch andere Wendungen des Bittens.

3. Bilden Sie vier Sätze, in denen Sie mit Wendungen des Bittens den Anbieter ersuchen, Ihnen Liefer- und Zahlungsbedingungen mitzuteilen.

4. Prüfen Sie im Kapitel 4.4., inwieweit sich mit Teilen der Wendungen des direkten und indirekten Bittens um ein Angebot nachsuchen läßt,
a) Computer,
b) Videokassetten (видеокассеты),
c) Fernseher zu liefern.

✗ 5. Übersetzen Sie ins Russische:
a) Anfrage wegen der Lieferung von Juwelierwaren (ювелирные изделия)

　Sehr geehrte Damen und Herren,

　von unserem Geschäftspartner in St. Petersburg haben wir erfahren, daß Ihre Firma jetzt auch mit Juwelierwaren handelt (торговать чем). Wir wären Ihnen sehr verbunden, wenn Sie uns den neuesten Katalog Ihres Juwelensortiments mit der aktuellen (текущий) Preisliste schicken könnten. Wir bitten Sie, uns auch die Bedingungen für den Export von Juwelierwaren aus Rußland mitzuteilen.
　Ihnen im voraus dankend, verbleiben wir

　Hochachtungsvoll

b) Anfrage wegen der Lieferung von Krimsekt (Крымское шампанское)

　Sehr geehrte Damen und Herren,

　Nach zweijähriger Unterbrechung (двухлетний перерыв) sind wir sehr an einer Erneuerung unserer Geschäftsbeziehungen interessiert.
　Wir möchten Sie bitten, uns mitzuteilen, ob Sie uns im 3. Quartal dieses Jahres 12 000 Flaschen Krimsekt der höchsten Qualität liefern können.

Wir bitten Sie, uns ein Angebot für trockenen (сухое), halbtrockenen (полусухое) und süßen (сладкое) Sekt zu machen und die Liefer- und Zahlungsbedingungen anzugeben.
In Erwartung Ihres Angebots verbleiben wir

Hochachtungsvoll

✗ 6. Geben Sie in Telex-Umschrift den 2. Abschnitt von ✉ 4/23 wieder,
a) ungekürzt; b) mit den für ein Telex zulässigen Kürzungen im Text.

7. Verfassen Sie Anfragen unter Verwendung folgender Angaben:
a) Allgemeine Anfrage an die Firma Jakutalmaz, Industriediamanten (технические алмазы), erste Direktbeziehungen (прямые контакты) zur Firma nach Beseitigung (отмена) des staatlichen Außenhandelsmonopols (монополия внешней торговли), Bitte um Sortimentsangebot mit Angabe der Preise, der Transport- und Zahlungsbedingungen.
b) Bestimmte Anfrage, 1500 m² Fliesen aus künstlichem Marmor (плитки из искусственного мрамора), unterschiedliche Größe, mit Lieferung im 1. Quartal des nächsten Jahres, Preise, Liefer- und Zahlungsbedingungen. Bitte um das Zuschicken von Mustern der Fliesen.

4.8. Angebot – Письмо-предложение

4.8.1. Einleitung

Ein Angebot (письмо́-предложе́ние, auch офе́рта) ist ein kommerzielles Schriftstück, in dem eine Firma über ein von ihr vertriebenes Produkt informiert und anbietet, über dessen Lieferung zu näher gegebenen Bedingungen ein Geschäft abzuschließen (заключи́ть сде́лку).
Man unterscheidet verschiedene Arten kommerzieller Angebote:

Festangebot, (auch verbindliches Angebot)	твёрдое/оконча́тельное предложе́ние
freibleibendes Angebot (auch unverbindliches)	свобо́дное предложе́ние
unverlangtes Angebot	незапро́шенное / незатре́бованное, инициати́вное предложе́ние
verlangtes Angebot	запро́шенное предложе́ние
Werbebrief	рекла́мное письмо́

Erfolgt das Angebot auf Anfrage (запро́с) eines Interessenten, handelt es sich um ein verlangtes Angebot. Dabei ist auf alle Fragen des Interessenten einzugehen. Erfolgt das Angebot nicht auf Anfrage, sondern auf Initiative des Anbieters, ist es ein unverlangtes Angebot. Eine Form des unverlangten Angebots ist der Werbebrief.
Unterbreitet die Firma ein bestimmtes Warenangebot nur *einem* Kunden und nennt eine Gültigkeitsfrist (срок де́йствия) für diese Bedingungen, handelt es sich um ein Festangebot (auch verbindliches Angebot). Reagiert der Kunde nicht innerhalb der gesetzten Frist, so wird dies als Absage gewertet, und der Anbieter ist nicht mehr an das betreffende Angebot gebunden. Ein freibleibendes (unverbindliches) Angebot erhalten oftmals mehrere Kunden gleichzeitig. Es enthält eine Klausel, die besagt, daß es von seiten des Anbieters ohne /jegliche/ Verbindlichkeit(en) (без /вся́ких/ обяза́тельств, auch без обяза́тельства) erfolgt.
Ein verbindliches Angebot besteht im allgemeinen aus folgenden Bestandteilen:

(a) Bezugnahme auf eine erhaltene Anfrage einschließlich des Dankes dafür
(b) Angaben in einem konkreten und eindeutigen Angebot
 – Art der Ware (siehe auch Kapitel 5.1.)
 – Warenmenge (siehe auch 5.3.)
 – Qualität der Ware (siehe auch 5.2.)
 – Preise (siehe auch 5.7.)
 – Lieferbedingungen (siehe auch 5.5.)
 – Lieferfristen (siehe auch 5.6.)
 – Zahlungsbedingungen (siehe auch 5.8.)
 – Gültigkeitsdauer des Angebotes
(c) Wertung des Angebotes in Erwartung der Bestellung
(d) Hinweise auf Anlagen
(e) Aufforderung zur Beantwortung der Anfrage

Freibleibende Angebote enthalten im allgemeinen die gleichen Angaben wie verbindliche Angebote, jedoch ohne Angabe einer Gültigkeitsfrist.

Eine häufig praktizierte Form der möglichst umfassenden Information des Kunden sind Informationsmaterialien (информацио́нный материа́л) als Anlage (приложе́ние) zum Angebotsschreiben. Dadurch ist auch eine Reduzierung der Detailangaben im Angebotsschreiben möglich (derartige Informationsmaterialien s. Kapitel 1.10.).

4.8.2. Musterbriefe

✉ **4/25** Verlangtes verbindliches Angebot – ausführliche Variante

О предложении на женскую обувь

Уважаемые дамы и господа!

Благодарим за Ваш запрос от 6 мая с. г. Мы рады Вашему интересу к нашим изделиям и посылаем Вам запрошенное Вами твёрдое предложение на 4 тыс. пар женских туфель[1] модных разцветок марки "Примадонна".
В приложении посылаем Вам наш новейший каталог; в нём представлена предлагаемая нами гамма модных расцветок[2] и различных размеров[3]. По Вашему желанию мы можем выслать Вам авиационным грузом[4] пробную партию[5] запрошенных Вами туфель этих расцветок.
Цена - ... DM за одну пару. Цена понимается франко-вагон пограничная станция Брест, включая стоимость экспортной упаковки.
Упаковка: в коробках, по 100 коробок в деревянных ящиках.
Товар будет поставлен в течение трёх месяцев со дня получения заказа. Платёж должен производиться посредством безотзывного и подтверждённого аккредитива против отгрузочных документов.
Настоящее предложение действительно до 31 августа с. г.
Мы выражаем надежду, что наше предложение приемлемо для Вас.

С уважением

Приложение: каталог

[1] женские туфли, G.Pl. туфель Damenschuhe
[2] Skala der Modefarben
[3] Größe
[4] Luftfracht
[5] Probesendung

4/26 Verlangtes verbindliches Angebot – verkürzte Variante mit Anlagen

О предложении на мужскую обувь

Уважаемые дамы и господа!

С благодарностью подтверждаем получение Вашего запроса от 6 мая с. г. и сообщаем, что мы можем поставить Вам 3 тыс. пар лакированных мужских ботинок[1] чёрных и тёмно-серых[2] расцветок марки "Казанова".
Цена - ... DM за пару. Цена понимается франко-вагон пограничная станция Брест, включая стоимость экспортной упаковки.
Упаковка: в коробках, по 100 коробок в деревянных ящиках.
Остальные условия указаны в приложенном каталоге и в образце договора. В ответе просим указать количество желаемых размеров обуви[3].
Настоящее предложение действительно до 31 августа с. г.
Надеемся, что наши выгодные условия удовлетворят Вас.

В ожидании Вашего заказа остаёмся
с уважением

Приложение: каталог и образец договора (3 л.)

[1] G.Pl. ботинок Herrenschuhe
[2] dunkelgrau
[3] Schuhgröße

4/27 Verlangtes unverbindliches Angebot

О предложении на женскую обувь

Уважаемые господа!

С благодарностью подтверждаем получение Вашего запроса от 6 мая с. г. и сообщаем, что мы можем предложить Вам женские сапоги[1] марки "Леди" без обязательства.
В настоящее время цена - ... DM за пару. Цена понимается франко-вагон пограничная станция Брест, включая стоимость экспортной упаковки.
Прилагаем к этому письму новый каталог и новейший прейскурант. В прейскуранте указаны наши условия предоставления[2] скидки[3].
Товар будет поставлен в течение трёх месяцев со дня получения заказа.
Мы надеемся, что наши условия будут приемлемы для Вас.

В ожидании Вашего заказа остаёмся
с уважением

Приложение: каталог и прейскурант

[1] Damenstiefel
[2] Gewährung
[3] Preisnachlaß, Rabatt

4/28 Unverlangtes unverbindliches Angebot

О предложении на фармацевтические товары[1]

Уважаемые дамы и господа!

Если Вы уже знакомы с качеством фармацевтических товаров, которые представляет наша фирма, взгляните в наш новый каталог (приложение) и Вы увидите, что мы расширили предлагаемую нами гамму товаров[2].

Если же наша фирма ещё неизвестна Вам, позвольте представить её:
* мы выбираем своих поставщиков[3], ориентируясь на качество производимой ими продукции;
* наше глубокое знание этой продукции поможет Вам выбрать то, что в наибольшей степени соответствует Вашим потребностям[4];
* наш ежедневный контакт с производителями[5] является гарантией того, что мы в кратчайший срок сможем удовлетворить Ваши нужды[6].

Кроме того, наш офис во Франкфурте-на-Майне гарантирует Вам и своевременную поставку товаров в Россию.

Познакомившись с нашим каталогом, Вы сможете получить дополнительную информацию, воспользовавшись приложенной к нему почтовой открыткой или позвонив в наш офис в Москве.

С уважением

Приложение: рекламный проспект
(брошюра) и прейскурант

[1] pharmazeutische Erzeugnisse
[2] Warenpalette
[3] Lieferfirma
[4] Bedürfnisse
[5] Hersteller
[6] Bedürfnisse

Ein Angebot in dieser Form gleicht weitgehend einem Werbebrief (рекла́мное письмо́). Solche Angebote verfaßt in der Regel ein Reklamefachmann (специали́ст по рекла́ме, рекла́мист).

4.8.3. Sprachliche Wendungen und Strukturen

(a) Bezugnahme auf eine Anfrage, Bedanken für eine Anfrage (Ссылка на запрос, благодарность за запрос) in Ergänzung von 4.1.3. (a) und 4.2.3. (a)

1

В ответ на Ваш запрос	In Beantwortung ihrer Anfrage
Ссылаясь на Ваш запрос	Bezugnehmend auf ihre Anfrage

5/6/7/8

1
2

от 1 марта	vom 1. März
на ...(товар)	nach ... (Ware)
касательно поставки ... (товара)	bezüglich der Lieferung von ... (Ware)
и в подтверждение нашего телефонного разговора	und in Bestätigung unseres Telefonats
и предыдущие переговоры	und die vorangegangenen Verhandlungen

5/6/7/8

3

Подтверждаем с благодарностью получение Вашего запроса.	Dankend bestätigen wir den Empfang Ihrer Anfrage.
получение Вашего письма.	den Eingang Ihres Briefes.

5/6/7/8

4

Благодарим Вас за Ваш запрос и	Wir danken Ihnen für Ihre Anfrage und
Благодарим Вас за интерес к нашему предложению и	Vielen Dank für Ihr Interesse an einem Angebot und
Мы получили Ваш запрос и	Wir haben Ihre Anfrage erhalten und

5/6/7/8

(b) Anbieten der Ware (Предложение товара)

1 /1+2/ 3/ 4

5

/мы/ можем / могли бы		können/könnten wir	
предложить			anbieten
поставить	/Вам/	Ihnen	liefern
выслать			schicken
отправить			senden

Ware

1 /1+2/ 3/ 4

6

мы /с удовольствием/ предлагаем /Вам/ — bieten wir Ihnen /gerne/... an
/мы/ высылаем /Вам/ твёрдое предложение на поставку — schicken wir Ihnen ein Festangebot zur Lieferung von ...
/мы/ посылаем /Вам/ твёрдое предложение на — schicken wir Ihnen ein Festangebot von/für ...

Ware

1 /1+2/ 3/ 4

7

/мы/ делаем /Вам/ /следующее/ предложение: ... — unterbreiten wir Ihnen /folgendes/ Angebot: ...
/мы/ делаем /Вам/ предложение на следующих условиях: ... — machen wir Ihnen ein Angebot zu folgenden Bedingungen: ...
/мы/ пересылаем Вам образцы, наш каталог, ... — übermitteln wir ihnen Muster, unseren Katalog, ...

1 /1+2/ 3/ 4

8

мы /с удовольствием/ предлагаем /Вам/ — bieten wir Ihnen /gerne/ ... an

в счёт взаимных поставок на ... год — auf der Grundlage gegenseitiger Warenlieferungen für das Jahr ...

в счёт действующего торгового соглашения между ... на ... год — auf der Grundlage der gültigen Handelsvereinbarung zwischen ... für das Jahr ...

согласно общим условиям поставки — entsprechend den allgemeinen Lieferbedingungen

на следующих условиях — unter folgenden Bedingungen

Ware

(b) Gültigkeitsdauer des Angebots (Срок действия предложения)

9	
/Настоящее/ предложение действительно до 30 июня с. г. три месяца (со дня получения нашего письма). при условии получения Вашего подтверждения (акцепта) в течение 14 дней от даты этого письма. при условии получения Вашего акцепта (подтверждения) по телексу (факсу) в течение 6 дней от даты этого письма.	Das /vorliegende/ Angebot ist gültig (gilt) bis zum 30. Juni d. J. drei Monate (nach Eingang unseres Briefes). wenn wir Ihr(e) Bestätigung (Akzept) innerhalb von 14 Tagen nach Ausgang unseres Briefes erhalten. wenn wir Ihr(e) Akzept (Bestätigung) per Telex (Fax) innerhalb von 6 Tagen nach Ausgang unseres Briefes erhalten.

(d) Hinweise auf Anlagen (Указание на приложение) in Ergänzung von 4.2.3. (b)

10	

Прилагаются
Прилагается
   интересующие Вас технические данные / характеристики.
 	
   список товаров, экспортируемых нашей фирмой.
   чертежи, каталоги, наши проспекты с ... .
   дополнительная информация о ... .
 	
   запрошенные информационные материалы.
   образцы наших ... .
   прейскурант.
   условия поставки и платежа.
 	
   гарантийные обязательства.
   информация, касающаяся упаковки товаров.
	Es wird /werden/ ... beigefügt
	
	   die Sie interessierenden technischen Daten/Dokumentationen.
	   die Exportwarenliste unserer Firma.
	   Zeichnungen, Kataloge, unsere Prospekte mit ... .
	   zusätzliche Informationen zu/über ... .
	   die erbetenen Informationsmaterialien.
	   Muster unserer ... .
	   die Preisliste.
	   die Liefer- und Zahlungsbedingungen.
	   Garantiebedingungen,-klausel.
	   Informationen zur Warenverpackung.

(c) Wertung des Angebots in Erwartung der Bestellung
(Оценка запроса в ожидании заказа)

11

/Мы/ надеемся,
/Мы/ выражаем надежду,

  что наше /выгодное/ предложение
  что наши /выгодные/ условия

Wir hoffen,
Wir geben der Hoffnung
  Ausdruck,
    daß unser /günstiges/ Angebot
    daß unsere /vorteilhaften/
      Bedingungen

12

11
12

будет/будут для Вас приемлемо/
  приемлемы.
удовлетворяет/удовлетворяют Вас.
устраивает/устраивают Вас.
подходит/подходят Вам.

für Sie annehmbar sein wird
  /sein werden/.
Sie zufriedenstellt /-stellen.
Sie zufriedenstellt /-stellen.
Ihnen recht ist /sind, geeignet
  erscheint /erscheinen.

11/ 11+12

13

/и/ приведёт/приведут к
соответствующему заказу.

/und/ es zu einer entsprechenden
Bestellung kommt.

14

В ожидании Вашего благоприятного
  ответа
В ожидании Вашего заказа
  остаёмся

In Erwartung Ihrer positiven
  Antwort
In Erwartung Ihres Auftrages
  verbleiben wir

15

В случае принятия нашего
  предложения,
В случае положительного
  решения с Вашей стороны,
    мы просим сообщить нам об
    этом как можно скорее.

Wenn Sie unser Angebot
  annehmen,
Im Falle einer positiven
  Entscheidung Ihrerseits
    bitten wir Sie, uns dies so
    bald wie möglich mitzuteilen.

(e) Aufforderung zur Beantwortung des Angebots
(Приглашение на ответ по поводу заказа)

16	
Просим	Wir bitten (darum)
подтвердить настоящее предложение	dieses Angebot zu bestätigen
рассмотреть наше предложение	unser Angebot zu prüfen
и подтвердить	und zu bestätigen
прислать ответ	um eine Antwort
ответить нам	uns zu antworten

16
17

до 20 мая с. г.	bis zum 20. Mai d.J.
не позже 9 сентября с. г.	spätestens bis zum 9. Sept. d.J.
не позднее 10 апреля с. г.	nicht später als am 10. April d.J.
в течение десяти дней со дня получения нашего письма.	innerhalb von 10 Tagen nach Eingang unseres Briefes.
в течение шести дней от даты этого письма.	innerhalb von 6 Tagen ab Absendedatum dieses Schreibens.

4.8.4. Übungen

1. Übersetzen Sie ins Deutsche
a) den 1. und 2. Absatz des verlangten Festangebots ✉ 4/25;
b) den 2.– 5. Absatz des verlangten Festangebots ✉ 4/26.

2. In Verbindung mit welchen Anlagen muß in Feld 10 "Прилагаются" gebraucht werden und mit welchen "Прилагается"?

✗ 3. Geben Sie in Telexumschrift ungekürzt den 1., 2. und 3. Absatz des ✉ 4/26 wieder.

✗ 4. Übersetzen Sie ins Russische:
a) In Beantwortung Ihres Telex vom 26. April bezüglich der Lieferung von Ersatzteilen bieten wir Ihnen 1500 komplette Sätze (полный комплект) an.
b) Dankend bestätigen wir, daß wir Ihre Anfrage vom 13. Mai erhalten haben. Wir liefern Ihnen gern die erbetene Menge von Mikrofonen und unterbreiten Ihnen ein Festangebot zu folgenden Bedingungen: ...
c) Wir bestätigen dankend den Empfang Ihrer Anfrage vom 21. März bezüglich der Lieferung von PKW der Marke „Lada" und teilen Ihnen mit, daß wir Ihnen nur ein freibleibendes Angebot machen können.

5. Bilden Sie drei Sätze, in denen jeweils die Gültigkeitsfrist eines Festangebots angegeben wird.

6. Bilden Sie Sätze, die der Erwartung Ausdruck geben, daß ein vorgelegtes Angebot für den Kunden günstige Bedingungen enthält. Verwenden Sie folgende Wörter: удовлетворять, подходит, приемлемый.

7. Verfassen Sie ein Angebotsschreiben unter Verwendung folgender Angaben:
Dank für die Anfrage vom 30. April; Festangebot von 800 Kompressoren (компрессор); Preis pro Kompressor ... DM franco Waggon Brest, einschließlich Exportverpackung; Lieferung im IV. Quartal dieses Jahres; Bezahlung mit unwiderruflichem, bestätigtem Akkreditiv; Angebot gilt bis 20. Mai.

4.9. Bestellung / Auftrag – Заказ

4.9.1. Einleitung

Ein Geschäftsabschluß kommt häufig durch eine Bestellung bzw. einen Auftrag (заказ) zustande. Eine andere Form ist der Vertrag (договор), siehe S. 72.

Im Geschäftsdeutsch wird neben Bestellung auch Auftrag verwendet, weil manche Firma intern solcherart Eingänge von Kunden als Aufträge (an die betreffende Firma) bezeichnet; ist aber diese Firma in eigener Sache Besteller bei einer anderen Firma, so ist von Bestellung die Rede. Im Russischen wird in beiden Fällen nur заказ gebraucht. Wir verwenden in deutschen Textteilen im folgenden nur den Terminus „Bestellung".

Eine Bestellung ist ein vom Käufer ausgefertigtes Dokument, das nach seiner Bestätigung durch den Verkäufer die Rechtskraft eines Kaufvertrags erlangt. Im internationalen Handel ist nur die schriftliche Bestellung rechtsverbindlich.

Eine Bestellung kann auf unterschiedliche Weise zustande kommen:

> (a) als uneingeschränkte Annahme des Angebots eines Lieferanten durch den Kunden (безоговорочное приня́тие предложе́ния поставщика́ клие́нтом)
> (b) als Gegenangebot des Kunden in 1-2 Positionen des Angebots des Lieferanten (контрпредложе́ние клие́нта)
> (c) als ausführliche Bestellung (подро́бный зака́з)

(a) kann kurz sein, da eine Wiederholung der Einzelpositionen des Angebots (besonders im Falle eines Festangebots) für die Bestellung nicht erforderlich ist. Unbedingt ist aber zu vermerken, daß mit diesem Schreiben die Bestellung der Ware auf der Basis der vorgelegten Bedingungen erfolgt. (b) entspricht weithin (a), enthält zusätzlich aber die Gegenangebote bei 1-2 Positionen. (c) ist die „klassische" Form der Bestellung, in der alle Einzelpositionen angeführt sind.

Bestellungen haben im allgemeinen folgende Bestandteile:

**Annahme des Angebots durch den Kunden –
Принятие предложения клиентом**

(a) Bestätigung des Empfangs des Angebots
(подтверждéние получéния предложéния)
(b) Bekundung der Akzeptanz des Angebots
(выражéние принятия предложéния)
(c) Bestellvermerk (помéтка о закáзе)
(d) Anlagevermerk (отмéтка о налúчии приложéния)
(e) Bitte um Bestätigung des Empfangs der Bestellung
(прóсьба о подтверждéнии получéния закáза)

(a) entspricht der Empfangsbestätigung, und (b) steht der Zustimmung (beide in Kapitel 4.3.) sehr nahe. (c) stellt die Kernaussage dieser Art Bestellung dar. (d) ist nicht obligatorisch. Es kann sich hier um spezielle Stücklisten handeln. (e) ist nötig, da das Geschäft erst dann rechtmäßig abgeschlossen ist, wenn der Lieferant den Empfang dieses Schreibens als Bestellung bestätigt hat.

**Gegenangebot des Kunden in 1-2 Positionen –
Контрпредложение клиента в 1-2 позициях**

(a) Bestätigung des Empfangs des Angebots
(подтверждéние получéния предложéния)
(b) Wertung des Angebots mit Einwänden und Gegenvorschlägen
(оцéнка предложéния с возражéниями и контрпредложéниями)
(c) Vermerk über eine Bestellung bei Annahme der Gegenvorschläge durch
den Lieferanten (помéтка о закáзе при принятии контрпредложéний)

(a) entspricht der Empfangsbestätigung (Kapitel 4.3.). (b) bringt zunächst eine allgemeine Wertschätzung des Angebots zum Ausdruck; es folgen 1-2 motivierte Einwände mit Gegenangeboten. (c) stellt bei Akzeptanz der Gegenangebote eine Bestellung in Aussicht. Damit ist die Bestellung noch nicht definitiv. In der Regel wartet der Kunde ein präzisiertes Angebot des Lieferanten ab, ehe die Bestellung endgültig erfolgt.

Ausführliche Bestellung – Подробный заказ

(a) Bezugnahme auf das Angebot (ссылка на предложéние), eventuell auch
als Bestätigung des Empfangs des Angebots
(b) Bestellvermerk (помéтка о закáзе)
(c) Angabe von Bezeichnung, Menge, Qualität und Preis (Einzel- und Stückpreis)
der Ware (наименовáние, колúчество, кáчество и ценá товáра / ценá за
единúцу товáра и óбщая стóимость постáвки/), Lieferbedingungen
(услóвия постáвки) und -fristen (срóки постáвки), Zahlungsbedingungen
(услóвия платежá), Art der Verpackung (упакóвка) und Markierung
(маркирóвка), Verweis auf die allgemeinen Lieferbedingungen
(отсылка к óбщим услóвиям постáвки)
(d) Bitte um Bestätigung der Annahme der Bestellung (прóсьба о
подтверждéнии принятия закáза)

Die ausführliche Bestellung kann in zweierlei Form abgefaßt sein:
a) als selbständiger Brief oder b) als protokollarische Auflistung der Kauf- und Lieferbedingungen ohne Briefcharakter, d.h. ohne Anrede und weitere Höflichkeitsformen. Eine solcheAuflistung ist daher auch mit Begleitbrief zu versenden. Am Ende der Auflistung sind Stellen für die Unterschrift von Käufer und Verkäufer markiert. Das unterstreicht den Vertragscharakter dieser Form der Bestellung. In der Briefform ist der Briefschluß wie üblich.

(a) und (b) bilden häufig einen Satz. Bei (b) oder in der Betreffzeile erscheint oft die Registriernummer der Bestellung. Die protokollarische Auflistung hat statt der Betreffzeile als Überschrift: Заказ + Registriernummer.

Von Verpackung und Markierung abgesehen, sind die Angaben unter (c) obligatorisch. Bei allen Preisangaben sind Zahlen sowohl in Ziffern als auch ausgeschrieben anzuführen.

(d) ist in der Briefform die Regel. In der anderen Form der Bestellung übernimmt der Begleitbrief diese Aufgabe, wobei das in Form der Bitte um Rücksendung eines vom Verkäufer unterschriebenen Exemplars der Bestellung geschieht.

4.9.2. Musterbriefe

✉ **4/29** Annahme des Angebots durch den Kunden –
Antwort auf das Angebotsmuster ✉ 4/25, S. 55

> О заказе 67/96 на женскую обувь
>
> Уважаемые господа!
>
> С благодарностью подтверждаем получение Вашего твёрдого предложения от 20 мая на 4 тыс. пар женских туфель марки "Примадонна" и пробной партии этих туфель.
> Заказываем упомянутые изделия на условиях, указанных в Вашем предложении. Прилагаем спецификацию запрошенной партии по различным размерам и расцветкам.
> Просим подтвердить получение заказа.
>
> С уважением
>
> Приложение: спецификация на 2 л. в 3-х экз.

4/30 Absicht der Bestellung bei Akzeptanz von 1-2 Gegenvorschlägen

О предложении на 1500 кг замши[1] высшего качества

[1] Wildleder

Уважаемые господа!

Подтверждаем получение Вашего письма от 15 июня с. г. и благодарим Вас за предложение на 1500 кг замши высшего качества.

После проверки присланных нам образцов мы установили, что качество товара полностью соответствует нашим требованиям. Однако, указанная Вами цена за эту замшу значительно выше, чем в других имеющихся у нас предложениях.

Дать Вам заказ на замшу высшего качества мы сможем только при условии, если Вы снизите цену на 7% , т.е. ... DM за 10 кг франко-вагон Франкфурт-на-Одере.

Остальные условия предложения мы принимаем безоговорочно.

Надеемся, что Вы учтёте наше контрпредложение.

С уважением

4/31 Ausführliche Bestellung in Briefform

О заказе 44/71 на монтажные краны

Уважаемые господа!

Благодарим Вас за Ваше предложение от 12 декабря и приложенную техническую документацию. Тщательно рассмотрев Ваше предложение, направляем Вам заказ:

Предмет заказа: 18 монтажных кранов марки "Гигант", согласно техническим данным каталога на 199… г.

Цена: DM 125 000 (сто двадцать пять тысяч) за один кран. Цена понимается франко-вагон германо-польская граница. Общая стоимость всей партии DM 2 250 000 (два миллиона двести пятьдесят тысяч).

Сроки поставки: Краны должны быть поставлены в течение III квартала 199… г. приблизительно равными месячными партиями.

Условия платежа: Платёж производится посредством безотзывного и подтверждённого аккредитива против счёта и транспортных документов.

Во всём остальном действуют общие условия поставки.

Просим подтвердить принятие настоящего заказа к исполнению в течение 14 дней со дня его получения.

С уважением

4/32 Ausführliche Bestellung als protokollarische Auflistung

> Заказ № 44/71
>
> На основании Вашего предложения от 10 августа с. г направляем Вам заказ.
> Предмет заказа: 18 комплектов хирургических инструментов марки "Элемента" согласно Вашему каталогу на 199... г.
> Цена: DM 12 000 (двенадцать тысяч) за один комплект. Цена понимается франко-аэропорт Москва-Шереметьево, включая стоимость экспортной упаковки. Общая стоимость всей партии DM 216 000 (двести шестнадцать тысяч).
> Сроки поставки: Комплекты должны быть поставлены в течение IV квартала 199... г. двумя равными партиями.
> Условия платежа: Платёж производится посредством безотзывного и подтверждённого аккредитива против счёта и транспортных документов.
> Во всём остальном действуют общие условия поставок.
>
> ....
> Продавец   Покупатель

4.9.3. Sprachliche Wendungen und Strukturen

(a) Bestätigung des Empfangs des Angebots
(Подтверждение получения предложения) siehe 4.3.3. (a).

(b) Bekundung der Akzeptanz des Angebots (Выражение принятия предложения)

Ваше предложение		Ihr Angebot
/в целом/	удовлетворяет нас.	stellt uns zufrieden.
/вполне/	устраивает нас.	ist uns recht.
	подходит нам.	sagt uns zu.
		/im großen und ganzen/
		/völlig, vollkommen/

Ваше предложение /в целом/ отвечает /полностью/ соответствует нашим требованиям.	Ihr Angebot entspricht /im großen und ganzen/ /völlig, vollkommen/ unseren Forderungen.

Подтверждаем наше /полное/ согласие. Мы /вполне/ согласны с условиями, указанными в Вашем предложении.	Wir bekunden unser /volles/ Einverständnis. Wir sind /völlig/ einverstanden mit den in Ihrem Angebot angeführten Bedingungen.

Мы довольны Вашим предложением. Ваше предложение мы принимаем безоговорочно. Относительно условий в Вашем предложении у нас не имеется никаких возражений.	Wir sind mit Ihrem Angebot zufrieden. Wir nehmen Ihr Angebot ohne Vorbehalte an. Bezüglich der Bedingungen Ihres Angebots haben wir keinerlei Einwände.

(c) Einwände gegen das Angebot und Gegenvorschläge
(Возражения против предложения и контрпредложения)

Назначенная Вами цена несколько завышена. В связи с этим просим рассмотреть возможность снижения этой цены, по крайней мере, на 10%.

Der von Ihnen festgesetzte Preis ist etwas überhöht. Im Zusammenhang damit bitten wir, die Möglichkeit einer Senkung dieses Preises um wenigstens 10% zu prüfen.

Предлагаемые Вами сроки поставки нас удовлетворить не могут. Наши комитенты заинтересованы в получении товара в III квартале.

Die von Ihnen angebotenen Lieferfristen können uns nicht zufriedenstellen. Unsere Kunden sind an einem Empfang der Ware im III. Quartal interesssiert.

(d) Bestellvermerk (Пометка о заказе)

Мы заказываем Вам / у Вас/ эти книги.
Мы делаем у Вас заказ на эти книги.

Wir bestellen bei Ihnen diese Bücher.
Wir geben bei Ihnen die Bestellung dieser Bücher auf.

Мы хотели бы заказать у Вас эти книги.

Wir möchten bei Ihnen diese Bücher bestellen.

| Мы хотели бы сделать Вашей | Wir möchten bei Ihrer Firma die |
| фирме заказ на эти книги. | Bestellung dieser Bücher aufgeben. |

(e) Angaben zu den verschiedenen Arten von Bedingungen bitten wir in Kapitel 5 nachzuschlagen.

(f) Bitte um Bestätigung des Empfangs der Bestellung (Просьба подтвердить получение заказа) siehe Kapitel 4.3.3.

4.9.4 Übungen

1. Übersetzen Sie die ✉ 4/29 – 4/31 ins Deutsche.

✗ 2. Geben Sie in Telex-Umschrift den ✉ 4/32 ungekürzt wieder.

3. Geben Sie an, welche Wendungen zur Akzeptanz eines Angebots unter 4.9.3. (b)
a) eine sachlich nüchterne Zustimmung,
b) eine nicht völlig uneingeschränkte Zustimmung,
c) eine besonders nachdrückliche Zustimmung zum Ausdruck bringen.

4. Gestalten Sie die Wendungen zur Akzeptanz eines Angebots durch Verneinung in solche der Ablehnung des Angebots um.

5. Geben Sie an, welche der im Ergebnis der Übung 4 möglichen Wendungen der Ablehnung des Angebots
a) eine umfassende Ablehnung,
b) eine begrenzte Ablehnung zum Ausdruck bringen.

6. Gestalten Sie
a) ✉ 4/30 nach dem Muster von ✉ 4/29 in eine uneingeschränkte Annahme des Angebots mit Bestellvermerk um,
b) ✉ 4/29 nach dem Muster von ✉ 4/30 in die Absichtserklärung einer Bestellung bei Annahme eines Gegenvorschlages um, indem Sie auf einer Lieferung im IV. Quartal desselben Jahres bestehen (statt einer im I. Quartal des nächsten Jahres).

✗ 7. Übersetzen Sie ins Russische:

Bestellung 123/95

Sehr geehrte Damen und Herren,

wir danken Ihnen für Ihr Angebot vom 12. Februar dieses Jahres und bestellen hiermit auf der Grundlage Ihres Angebots:
Gegenstand der Bestellung: 1 komplette Ausrüstung für die Tropenverpackung von Mehlen (тропическая упаковка мукомольных продуктов) vom Typ AQ 56.
Preis: DM 140 000. Der Preis versteht sich fob Hafen Rostock einschließlich der Kosten für seemäßige Verpackung.
Lieferfrist: Die Lieferung der Ausrüstung soll im Januar 199… erfolgen.
Zahlungsbedingungen: Die Zahlung erfolgt durch unwiderrufliches und bestätigtes Akkreditiv gegen Vorlage der Versandpapiere und der Rechnung.

Alle übrigen Bedingungen entsprechen den allgemeinen Lieferbedingungen.
Wir bitten um umgehende Bestätigung der Annahme der Bestellung zu ihrer Ausführung.

Hochachtungsvoll

8. Gestalten Sie eine ausführliche protokollartige Bestellung mit den im Angebotsmuster ✉ 4/25 enthaltenen Angaben.

4.9.5. Anhang: Vertrag – Контракт / Договор

In der Geschäftspraxis erhält oftmals die Bestellung bereits den Charakter eines Kaufvertrags. Der Vertrag (контра́кт, auch догово́р) ist ein wichtiges kommerzielles Dokument, welches Rechte und Pflichten der vertragschließenden Seiten regelt.

Der Kaufvertrag (догово́р ку́пли-прода́жи) stellt dabei die verbreitetste Form der rechtlichen Fixierung kommerzieller Beziehungen dar. In der russischen Handelspraxis ist daneben auch der Liefervertrag (догово́р поста́вки) als eine Art des Kaufvertrags sehr gebräuchlich.

Jeder Kaufvertrag enthält individuelle, mit den Erfordernissen der Exporteure/Importeure abgestimmte und allgemein übliche Teile. Im Vertragstext werden Vereinbarungen rechtsverbindlich fixiert, die von den vertragschließenden Seiten zu Kauf und Verkauf von Waren, Dienstleistungen u.ä., ihrer Lieferung oder Erfüllung und Bezahlung getroffen wurden.

Dem Kaufvertrag gehen im allgemeinen eine Reihe von Verhandlungen oder Gesprächen voraus, die von der Anfrage oder einem Angebot ausgehend über die Bestellung zum Vertragsabschluß führen.

Nicht erfüllte oder mangelhaft erfüllte Verträge sind juristisch einklagbar und reklamierbar. Hierzu werden im Kaufvertrag spezielle Regelungen vereinbart. 1991 trat Rußland (damals noch UdSSR) der Konvention der UNO über internationale Kaufverträge bei, auf die man sich bei der Ausarbeitung allgemeiner Regelungen zwischen den Geschäftspartnern verschiedener Länder stützt.

Alle Ergänzungen zum Vertrag (дополне́ния к контра́кту) bedürfen der Schriftform. Sie sind obligatorischer Bestandteil des Vertrags und enthalten Veränderungen oder Ergänzungen bzw. Spezifikationen zu früher vereinbarten Vertragsbedingungen.

Ein Kaufvertrag weist im allgemeinen folgende Bestandteile auf:

(a) Vertragsnummer (Контра́кт №...)
(b) Ort und Datum des Vertragsabschlusses
(ме́сто и да́та подписа́ния контра́кта)
(c) Firmenbezeichnung / Name der vertragschließenden Seiten
(наименова́ние договорозаключи́тельных Сторо́н)
(d) Vertragsgegenstand (предме́т контра́кта)
(e) Preise (incl. Währung) und Gesamtwert der Lieferung
(цена́ /включа́я валю́ту платежа́/ и о́бщая су́мма контра́кта)
(f) Lieferfristen und Lieferbedingungen (сро́ки поста́вки и усло́вия поста́вки)
(g) Qualität der Ware (ка́чество това́ра)
(h) Anforderungen an die Verpackung und Markierung der Ware
(тре́бования к упако́вке и маркиро́вке)
(i) Festlegungen zum Versand der Ware (incl. Information darüber)
(отгру́зочные инстру́кции /включая извеще́ния об отгру́зке/)
(j) Zahlungsbedingungen (усло́вия платежа́)
(k) Bedingungen über Garantien und Beanstandungen
(усло́вия гара́нтии и прете́нзии)
(l) Weitere Vereinbarungen (про́чие усло́вия)
(m) Eingetragene Firmenadressen der vertragschließenden Seiten
(юриди́ческие адреса́ договорозаключи́тельных Сторо́н)
(n) Unterschriften der Vertragspartner (по́дписи Сторо́н)

4.9.6. Musterverträge

Nachstehend soll ein Mustervertrag (образе́ц контра́кта) für den Export/Import verschiedener Waren mit spezifizierter Warenliste vorgestellt werden.

Achtung! Zum gegenwärtigen Zeitpunkt hält man sich in der Ausformulierung des Vertragstextes oftmals noch an alte staatliche Handelsabkommen. Auch die alte Staatsbezeichnung СССР ist häufig noch im Gebrauch, vgl. z.B. auch die noch heute offizielle Bezeichnung der überregionalen IHK in Moskau (Торго́во-промы́шленная пала́та СССР в Москве́). Diesem Fakt ist auch geschuldet, daß in dem nachstehenden Mustervertrag seine Ausführung in mehreren Exemplaren nur in russischer Sprache vorgesehen ist. Mehr und mehr werden die Verträge zweisprachig ausgefertigt, die juristisch gleichwertig sind.

Ein Beispiel für Begleitbriefe beim Versenden von ausgearbeiteten Verträgen s. ✉ 4/5, S. 28.

Weitere Musterverträge werden ausführlich behandelt in: Vitkovskaja, Ž.V. u. a.: Vertragsentwürfe.- Berlin: Volk und Wissen Verlag GmbH.

КОНТРАКТ № ...

г. .... «....» .... 19 ...... г.

.... , г. .... , именуемое в дальнейшем «Продавец», с одной стороны, и ....

.... ,

именуемое в дальнейшем «Покупатель», с другой стороны, заключили настоящий контракт о нижеследующем:

ПРЕДМЕТ КОНТРАКТА

§ 1

Продавец продал, а Покупатель купил на условиях ....
....

товары, количество, ассортимент и технические условия которых указаны в спецификации, приложении к настоящему контракту и составляющие его неотъемлемую часть (приложение ... № ...).

ЦЕНА

§ 2

Цены на товары, проданные по настоящему контракту, указаны в приложении ... к настоящему контракту спецификации ... .
Цена понимается ....
....

В цену товаров включена стоимость тары, упаковки и маркировки.

СРОКИ И УСЛОВИЯ ПОСТАВКИ

§ 3

Продавец поставит Покупателю товары, проданные по настоящему контракту, в сроки, указанные в спецификации ... .
Продавцу предоставляется, по согласованию с Покупателем, право досрочной поставки товара, причем Покупатель обязан принять товар и своевременно оплатить его стоимость на условиях настоящего контракта.
В случае просрочки поставки товара против сроков, установленных в настоящем контракте, Продавец уплачивает Покупателю штраф в размере, предусмотренном в ...

§ 4

Поставка проданных по настоящему контракту товаров будет производиться по отгрузочным реквизитам, указанным в спецификации, приложении к настоящему контракту.

§ 5

Продавец будет извещать Покупателя об отгрузке товаров по телеграфу или телексу в ...дневный срок с момента отгрузки.
В этом извещении должны быть указаны номер железнодорожной накладной или коносамента, дата отгрузки, наименование и количество товара.

КАЧЕСТВО

§6

Качество проданных по настоящему контракту товаров должно во всем соответствовать техническим условиям, предусмотренным настоящим контрактом, и должно быть подтверждено сертификатом о качестве завода-изготовителя или гарантийным письмом Продавца.
Покупатель не вправе без согласования с Продавцом использовать товар, по которому им заявлена претензия по качеству.

УСЛОВИЯ ПЛАТЕЖА

§ 7

Платежи за проданные по настоящему контракту товары будут производиться Покупателем в ....

в соответствии с .... при представлении Продавцом в банк своей страны следующих документов:
а) счета в ... экземплярах;
б) дубликата железнодорожной накладной или коносамента;
в) спецификации в ... экземплярах;
г) сертификата о качестве или гарантийного письма Продавца в ... экземплярах.

ОБЩИЕ ПОЛОЖЕНИЯ

§ 8

Покупатель не вправе предъявлять каких-либо претензий к Продавцу на возмещение убытков по тем основаниям, по которым он в соответствии с ...... имеет право на взыскание с него штрафа.

§9

Во всем, что не предусмотрено настоящим контрактом, действуют ....
....

§ 10

Настоящий контракт подписан в 2-х экземплярах на ....
....

Один экземпляр для Продавца и один для Покупателя.

ЮРИДИЧЕСКИЕ АДРЕСА СТОРОН

Продавец – ....

Покупатель – ....

Продавец: Покупатель:

                                                        Приложение №.....
                                                        к контракту № .....
                                                        от «...» ....19... г.

СПЕЦИФИКАЦИЯ
на товары, подлежащие поставке в 199... году
из .... в ....

№№ п/п	Наименование товара, марка (тип), размеры, технические условия (ГОСТ; ТУ и др.)	Ед. изм.	Кол-во	Цена в ... за ед. изм.	Суммма в ...	Сроки поставки			
						I кв.	II кв.	III кв.	IV кв.
1	2	3	4	5	6	7	8	9	10

Bei der Warenübergabe wird in der russischen Geschäftspraxis ein Übergabe-Übernahme-Protokoll (Lieferschein) (акт сда́чи-приёмки, auch приёмно-сда́точный акт) ausgefertigt.

✉ **4/34** Muster eines Übergabe-Übernahme-Protokolls

                                                    Приложение № ...
                                                    к договору № ....
                                                    от «....» ....19....г.

                          ПРИЕМНО-СДАТОЧНЫЙ АКТ

г. ....   «....» ....19.... г.

Мы, нижеподписавшиеся, представитель Предприятия ....,

с одной стороны, и представитель фирмы ....,

с другой стороны, составили настоящий акт о том, что согласно Договору № ....

от .... 19...... г. первый сдал, а второй принял в исправном состоянии:

1. ....

2. ....

3. ....

ПРЕДПРИЯТИЕ   ФИРМА

4.9.7. Übungen

1. Überprüfen Sie Ihr Grundverständnis der Formulierungen des Vertragsmusters, indem Sie versuchen, die freigelassenen Stellen sachgerecht mit Hilfe des Sprachmaterials aus dem Kapitel 4 zu komplettieren. Beachten Sie im Vertragskopf, daß auch der Ort des Vertragsabschlusses eingetragen wird. (г. = город, s. dazu auch Kap. 1.2.).

4.10. Reklamation wegen Lieferverzug – Рекламация на просрочку поставки

4.10.1. Einleitung

Tritt ein Lieferverzug ein, können die Begleitumstände für die Reklamation unterschiedlicher Art sein:

> (a) Der Lieferant teilt dem Käufer in Form eines Zwischenbescheids einen Lieferverzug mit und gibt einen neuen Liefertermin an. Der Käufer akzeptiert den Verzug und den neuen Termin nicht und reklamiert.
> (b) Die Lieferung ist verspätet eingetroffen. Der Käufer leitet daraus Ansprüche ab, da er das Verschulden des Lieferverzugs beim Lieferanten sieht, was er mit Beweismitteln belegen muß.
> (c) Die Lieferung ist ausgeblieben, der Termin verstrichen, ohne daß der Käufer informiert wurde. Er sucht beim Lieferanten um Information nach und meldet gegebenenfalls Ansprüche an.

4.10.2. Musterbriefe

✉ **4/35** Nachfrage nach dem Verbleib einer Lieferung mit Ankündigung eventueller Reklamationsansprüche (Bezugnahme auf das Bestellungsmuster ✉ 4/31, S. 68)

О поставке монтажных кранов по заказу № 44/71

Уважаемые господа!

Мы вынуждены обратить Ваше внимание на задержку в поставке кранов по заказу № 44/71.
Согласно этому заказу Вы должны были поставить нам в сентябре с. г. 6 монтажных кранов марки "Гигант". Однако несмотря на то, что срок поставки уже давно истёк, мы до сих пор не имеем от Вас никаких сведений об отгрузке кранов.
В случае опоздания в поставке товара Вы должны будете уплатить соответствующий штраф за каждую неделю просрочки.
Надеемся, что Вы с должным вниманием отнесётесь[1] к нашей рекламации и незамедлительно[2] сообщите нам о своём решении.

С уважением

[1] sich verhalten
[2] unverzüglich

4/36 Reklamation nach angekündigtem Lieferverzug

О просрочке поставки пшеницы[1] по заказу № 31/96

Уважаемые господа!

Мы крайне удивлены[2] Вашим письмом от 31 августа с. г., в котором Вы сообщаете, что Вам не удалось своевременно отгрузить 15 000 т пшеницы, как указано в договоре.

Мы не можем согласиться с Вашей ссылкой на отсутствие тоннажа и категорически настаиваем[3] на немедленной отгрузке пшеницы, в которой мы очень нуждаемся.

Если Вы не можете гарантировать нам сдачу товара в предусмотренный контрактом срок, мы будем вынуждены предъявить к Вам претензию в связи с просрочкой поставки пшеницы.

Поставленная Вами пшеница предназначена для населённых пунктов[4] севера. Поэтому сразу после её прибытия в Петербург предусмотрена её перегрузка[5] на речные суда[6], так как этот путь возможен лишь до замерзания внутренних вод[7]. После замерзания вод остаётся только транспортировка автотранспортом или, в крайнем случае[8], воздушным путём. В случае значительной просрочки в поставке товара Вы обязаны компенсировать связанные с этим расходы наших комитентов.

Надеемся, что Вы примете срочные меры для отгрузки пшеницы и сообщите нам по телексу дату выхода теплохода в море[9].

С уважением

[1] Weizen
[2] äußerst verwundert
[3] bestehen (auf etwas)
[4] Ort, Ortschaft
[5] Umladen
[6] Flußschiffe
[7] Zufrieren der Binnengewässer
[8] im äußersten Fall
[9] das Auslaufen, das In-See-Stechen des Motorschiffes

4/37 Reklamation wegen verspäteten Eintreffens der Lieferung

О просрочке поставки женских сапог по контракту № 42/95

Уважаемые господа!

К сожалению, мы должны сообщить Вам, что последняя партия женских сапог марки "Леди" прибыла с опозданием на 15 дней против установленного в контракте срока. Вследствие этого было невозможно пустить эту партию в предрождественскую и предновогоднюю продажу[1]. Таким образом опоздание поставки принесло нам значительный убыток в товарообороте[2].

Из прилагаемой железнодорожной накладной № 531/93 видно, что отгрузка товара была произведена Вами только за один день до установленного в контракте срока прибытия в пункт назначения. Это даёт нам право заявить Вам рекламационную претензию на снижение цены Вашей фактуры на 9 % за просрочку поставки.

Просим Вас рассмотреть нашу претензию и перевести вышеуказанную сумму на наш счёт в возможно короткий срок.

С уважением

Приложение: Железнодорожная накладная № 531/93

[1] (Vor)Weihnachts- und (Vor)Neujahrsgeschäft
[2] Warenumsatz

4.10.3. Sprachliche Wendungen und Strukturen

(a) Die unerfreuliche Information einleitende Konstruktionen
(Вводные в неприятную информацию конструкции)

1

К нашему большому сожалению,	Zu unserem großen Bedauern
К нашему сожалению,	Zu unserem Bedauern
К сожалению,	Leider
С сожалением	Mit Bedauern
сообщаем (Вам), что ...	teilen wir Ihnen mit, daß ...
мы вынуждены сообщить (Вам), что ...	sind wir genötigt Ihnen mitzuteilen, daß ...
мы должны сообщить (Вам), что ...	müssen wir Ihnen mitteilen, daß ...
мы должны поставить Вас в известность, что ...	müssen wir Sie davon in Kenntnis setzen, daß ...

Die Einleitung ist auch ohne die Passagen des Bedauerns, nur mit Wendungen (Wir teilen Ihnen mit, daß ...) möglich.

(b) Mitteilung eines Lieferverzugs (Сообщение о просрочке поставки)

1
2

партия	прибыла		die Teillieferung	traf ... ein.
поставка			die Lieferung	
со значительным опозданием.			mit großer Verspätung.	
с опозданием на 12 дней против установленного в договоре срока.			mit einer Verspätung von 12 Tagen nach dem vertraglich festgelegten Termin.	

1
3

срок поставки	der Liefertermin/die Lieferfrist
истекает.	geht zu Ende.
уже истекает.	geht jetzt zu Ende.
истёк.	ist abgelaufen.
уже давно истёк. Во II квартале Вы должны были поставить партию ...	ist schon lange verstrichen. Im II. Quartal sollten Sie uns eine Partie ... liefern.

1	
4	
отгрузка товара производится неравномерно. с опозданием.	der Versand der Ware erfolgt ungleichmäßig. mit Verzögerung.

1	
5	
мы до сих пор	bis jetzt (bis heute)
не имеем от Вас никаких сведений об отгрузке товара.	haben wir von Ihnen keinerlei Nachricht über den Versand (das Verladen) der Ware.
не получили от Вас никакого уведомления о готовности товара к отгрузке.	haben wir von Ihnen keine Benachrichtigung über die Bereitstellung der Ware zum Versand (Verladen) erhalten.

Der Vorspann 1 kann in den angezeigten Feldern auch entfallen.

6	
Обращаем Ваше внимание ...	Wir machen Sie darauf aufmerksam, daß ...
Мы вынуждены обратить Ваше внимание ...	Wir sind gezwungen, Sie darauf aufmerksam zu machen, daß ...
на задержку в поставке товара. на просрочку поставки товара.	sich die Lieferung der Ware verzögert.

(c) Geltendmachen einer Reklamation, eines Anspruchs
(Предъявление рекламации, претензии)

7	
Мы	Wir
/официально/ заявляем Вам предъявляем к Вам	melden bei Ihnen /offiziell/... an machen geltend (erheben) Ihnen gegenüber ...
рекламацию на просрочку в связи с просрочкой относительно просрочки	поставки	eine Reklamation wegen/bezüglich Lieferverzug

Siehe auch Kapitel 3 (Gestaltung der Betreffzeile).

8	
Мы /официально/ заявляем Вам о претензии на возмещение убытков.	Wir melden bei Ihnen /offiziell/ Anspruch auf Schadenersatz an.
(При этом) направляем Вам претензию на возмещение убытков. рекламацию о претезении на возмещение убытков.	(Anbei) senden wir Ihnen ... Anspruch auf Schadenersatz. einen Reklamationsanspruch auf Schadensersatz.
Нами зарекламирована партия ... Нами зарекламирован товар ...	Wir haben die Teillieferung/ die Ware reklamiert.

„Reklamation" und „Reklamationsanspruch" können auch allein durch das Anführen der Forderung(en) ausgedrückt werden.

(d) Das Erheben von Forderungen bei Lieferungsverzug
(Предъявление требований в связи с просрочкой поставки)

9	
Согласно | § 6 договора | контракту № ... от ... мы имеем право на скидку с фактурной стоимости. на снижение цены Вашей фактуры в /на/ 10%.	Laut | § 6 des Vertrages | des Vertrages Nr. ... vom ... haben wir das Recht auf einen Nachlaß des Rechnungspreises. auf eine Senkung Ihres Rechnungspreises um 10%.

10	
На основании вышеизложенного Основываясь на вышеизложенном, настоятельно /убедительно/ | просим Вас	Auf Grund des oben Dargelegten bitten wir sie | nachdrücklich | /dringend/,

11	
возместить убытки. предоставить скидку с фактурной стоимости. с цены на 10%. снизить цены фактуры.	den Schaden (Verlust) zu ersetzen. einen Preisnachlaß zu gewähren vom Warenrechnungspreis. von 10%. den Preis der Warenrechnung herabzusetzen.

10

11

перевести стоимость в размере ... на наш расчётный счёт.	den Betrag von ... auf unser Verrechnungskonto zu überweisen.
перечислить нам ... в погашение рекламации.	uns ... zur Begleichung der Reklamation zu überweisen.
принять действенные меры к ускорению отгрузки товара.	wirksame Maßnahmen zur Beschleunigung des Warenversands zu ergreifen.
обеспечить поставку товара в сроки, предусмотренные контрактом.	die Warenlieferung zu dem im Vertrag vorgesehenen Termin zu garantieren.

12

При данных (этих) обстоятельствах	Unter den gegebenen (diesen) Umständen
Ввиду этого	In Anbetracht dessen
В связи с этим	Damit im Zusammenhang
Вы должны будете уплатить нам ... Вы обязаны уплатить нам ... штраф (пеню) за опоздание в поставке товара.	müssen Sie uns ... sind Sie verpflichtet, uns ... für die verspätete Warenlieferung eine Geldstrafe zu zahlen.

4.10.4. Übungen

1. Übersetzen Sie die ✉ 4/35 – 4/37 ins Deutsche.

✗ 2. Geben Sie in Telex-Umschrift ungekürzt den 1., 2. und 4. Absatz des ✉ 4/36 wieder.

3. Gestalten Sie mit Hilfe des Sprachmaterials von 4.10.3. Textpassagen bezüglich
a) einer verspätet eingetroffenen Lieferung, b) einer noch nicht eingetroffenen, überfälligen Lieferung.

4. Geben Sie an, welche Wendungen unter 4.10.3. (d) für einen Einspruch gegen einen angekündigten Lieferverzug in Frage kommen.

5. Gestalten Sie mit dem Sprachmaterial unter 4.10.3. (c) und (d) Textpassagen des Erhebens von Reklamationsansprüchen bezüglich einer verspätet eingetroffenen Lieferung.

✗ 6. Übersetzen Sie ins Russische:
Ungeachtet dessen, daß der Termin für die Weizenlieferung schon seit 10 Tagen verstrichen ist, haben wir von Ihnen keinerlei Nachricht erhalten über das Verladen der Ware.

7. Gestalten Sie ein Reklamationsschreiben, das sich auf den ✉ 4/32, S. 69, bezieht und das verspätete Eintreffen der letzten Teillieferung reklamiert mit Forderung auf die Zahlung von Verzugszinsen.

4.11. Reklamation wegen Defiziten in der Warenmenge – Рекламация на недостачу товара

4.11.1. Einleitung

Weist eine Warenlieferung Defizite gegenüber der in der Bestellung bzw. der im Kaufvertrag festgelegten Menge auf, wird das dem Lieferanten mit einer Reklamation angezeigt. Defizite in der Warenmenge können verschiedene Ursachen haben:
1. durch Fehler des Lieferanten bei der Warenbereitstellung;
2. durch Diebstahl auf dem Transport;
3. durch Verluste infolge mangelhafter Verpackung oder durch Beschädigungen auf dem Transport.

Unsere Beispiele beziehen sich auf Fälle, bei denen der Lieferant der Verursacher ist. Diese Schreiben entsprechen in ihrer Anlage der Grundstruktur von Reklamationen (s. Kapitel 3). Jeder Reklamation wegen Fehlmengen sind Beweismittel beizufügen.

4.11.2. Musterbriefe

✉ **4/38** Reklamation wegen beschädigter Ware

> О рекламации на повреждённые товары, поставленные по контракту № 29-84/112
>
> Уважаемые господа!
>
> Когда последняя партия отгруженного Вами товара была распакована, мы обнаружили, что 2 из 10 кофеварок[1] марки "Экспрессо" были повреждены, хотя упаковка не пострадала[2] при перевозке[3] и, кроме того, на ящиках была нанесена маркировка "стекло"[4].
>
> Очевидно, они были повреждены до упаковки, и поэтому наш перевозчик[5] не несёт ответственность за это. Эти товары находятся у нас на складе до осмотра Вашим страховщиком[6].
>
> Прилагаем коммерческий акт № 1/29-84/112. Настоятельно просим Вас заменить дефектные кофеварки исправными той же самой марки или перевести их стоимость на наш расчётный счёт. Просим сообщить нам о Вашем решении как можно скорее.
>
> С уважением
>
> Приложение: Коммерческий акт
> № 1/29-84/112

[1] Kaffeemaschine
[2] Schaden nehmen
[3] Transport
[4] Glas
[5] Spediteur
[6] Versicherungsträger

4/39 Reklamation wegen Fehlmengen infolge mangelhafter Warenbereitstellung

О рекламации на недостачу товаров
по контракту № 15-34/399

Уважаемые господа!

С сожалением сообщаем Вам, что количество рулонов упаковочной бумаги[1], отгруженных Вами 25 августа с. г. в контейнерах в счёт контракта № 15-34/3996, не соответствует контракту и железнодорожной накладной № 36582. При приёмке товара была обнаружена недостача 6 рулонов в контейнере № 52091. Недостача рулонов была установлена в исправном[2] контейнере за исправными пломбами. Мы считаем, что недостача произошла по вине поставщика.

Прилагаем акт приёмки № 195, из которого следует, что количество рулонов не соответствует контракту.

Просим Вас со следующей партией допоставить[3] недостающее количество рулонов или перевести его стоимость на наш расчётный счёт. Просим сообщить нам о Вашем решении.

С уважением

Приложение: 1. Акт приёмки № 195
2. упаковочный лист
3. Железнодорожная накладная № 36582

[1] Packpapier
[2] intakt, unbeschädigt
[3] anliefern

4/40 Reklamation wegen verdorbener und überlagerter Ware

О рекламации на испорченный и залежавшийся товар по контракту № 32-64/301

Уважаемые господа!

К сожалению, мы вынуждены сообщить Вам, что при приёмке Вашей последней партии коробок конфет[1] марки "Амброзия" были обнаружены 7 коробок с испорченными конфетами. В результате дальнейшего осмотра вся партия оказалась непригодной к продаже.

На основании прилагаемого коммерческого акта № 32-64/301 мы предъявляем к Вам претензию и настоятельно просим немедленно[2] прислать нам за Ваш счёт партию свежего товара.

Надеемся, что Вы с должным вниманием отнесётесь к нашей рекламации и незамедлительно сообщите нам о Вашем решении.

С уважением

Приложение: Коммерческий акт № 32-64/301

[1] Schachtel mit Konfekt
[2] umgehend

4.11.3. Sprachliche Wendungen und Strukturen

(a) Die unerfreuliche Information einleitende Konstruktionen
(Вводные в неприятную информацию конструкции) siehe 4.10.3. (a).

(b) Mitteilung über eine Fehlmenge und beschädigte Ware
(Сообщение о недостаче товара и повреждённом товаре)

1	
Прибывшая партия ...	Die eingetroffene Lieferung ...
в количестве ...	im Umfang von ...
в счёт контракта № ...	a conto des Vertrags
оказалась дефектной.	erwies sich als defekt (beschädigt).
не отвечает железнодорожной накладной.	entspricht nicht dem Bahnfrachtbrief.

2	
При приёмке товара	Bei der Übernahme der Ware
При открытии контейнера	Beim Öffnen des Containers
При вскрытии ящиков	Beim Öffnen der Kisten

3	
оказалось, что ...	stellte sich heraus, daß ...
было обнаружено, что ...	wurde festgestellt, daß ...
партия товара является	die Warenlieferung
некомплектной.	nicht vollständig ist.
испорченной.	verdorben ist.
продукты являются залежалыми.	die Lebensmittel überlagert sind.
количество товара не соответствует спецификации.	die Warenmenge nicht der Spezifikation entspricht.
был(а) обнаружен(а)	wurde ... festgestellt
недостача ...	das Fehlen von ...
недогруз ...	eine Fehlmenge von ...
недовес ...	ein Untergewicht von ...

Недостача была установлена в исправном вагоне за исправными пломбами.	Der Fehlbestand wurde in einem unversehrtem Waggon mit unversehrten Plomben festgestellt.
Недостача произошла по вине экспедитора.	Der Fehlbestand geht zu Lasten des Expediteurs.
Повреждение товара было вызвано неудовлетворительной упаковкой.	Die Beschädigung der Ware wurde durch unzureichende Verpackung hervorgerufen.
Факт недостачи товара удостоверен коммерческим актом №	Der Fakt des Fehlbestandes an Ware wird durch das Schadensprotokoll Nr. ... bestätigt.

(c) Geltendmachen einer Reklamation, eines Anspruchs
(Предъявление рекламации, претензии) siehe 4.10.3. (c).

(d) Das Erheben von Forderungen bei Fehlbeständen und Beschädigung von Ware
(Предъявление требований в связи с недостачей и повреждением товара)
in Ergänzung von 4.10.3. (d)

4

Настоятельно просим Вас				Wir bitten Sie nachdrücklich,
заменить				
дефектный		исправным.		die defekte Ware
повреждённый	товар	новым.		die beschädigte Ware
некондиционный		другим.		die nicht den Bedingungen entsprechende Ware auszutauschen gegen
				intakte.
				neue.
				andere.
поставить взамен				
дефектного		исправный.		statt der defekten Ware
повреждённого	товара	новый.		statt der beschädigten Ware
некондиционного		другой.		statt der nicht den Bedingungen entsprechenden Ware
				intakte |
				neue | zu liefern.
				andere |

5	
Настоятельно просим Вас отгрузить нам новый товар. отправить нам новый товар. допоставить недостающий товар. допоставить свежие продукты. возместить стоимость повреждённого /недостающего/ товара.	Wir bitten Sie nachdrücklich uns neue Ware zu liefern. uns neue Ware zu schicken. die fehlende Ware nach- zuliefern. frische Lebensmittel anzu- liefern. den Wert der beschädigten /fehlenden/ Ware zu ersetzen.

4.11.4. Übungen

1. Übersetzen Sie ✉ 4/38 und 4/39 ins Deutsche.

✗ 2. Geben Sie in Telex-Umschrift wieder:

Сообщаем Вам, что количество рулонов упаковочной бумаги, отгруженных Вами 25 августа с. г. в контейнерах в счёт контракта № 15-34/3996, не соответствует контракту. При приёмке товара была обнаружена недостача 6 рулонов в исправном контейнере № 52091 за исправными пломбами. Просим Вас со следующей партией допоставить недостающее количество рулонов или перевести его стоимость на наш расчётный счёт. Просим сообщить нам о Вашем решении.

✗ 3. Übersetzen Sie ins Russische:

Fehlmenge in der Lieferung gemäß Bahnfrachtbrief Nr. 27491

Sehr geehrte Damen und Herren,
leider müssen wir Ihnen mitteilen, daß bei der Übernahme der letzten Lieferung von Zellulose (целлюлоза) im Waggon Nr. 1298551 ein Untergewicht von 6 t festgestellt wurde. Da der Waggon unversehrt war, ebenso die Plomben der Verladestation (станция отправителя), nehmen wir an, daß die Fehlmenge zu Lasten des Verkäufers geht.
Wir fügen dem Brief das Schadensprotokoll Nr. 12-07-93/473 bei. Auf Grund des Obendargelegten bitten wir Sie nachdrücklich, die fehlende Ware nachzuliefern oder den entsprechenden Betrag auf unser Verrechnungskonto zu überweisen. Ihre Entscheidung bitten wir Sie, uns so bald wie möglich mitzuteilen.
Hochachtungsvoll
Anlage: 1. Bahnfrachtbrief Nr. 27491
2. Schadensprotokoll Nr. 12-07-93/473

4. Gestalten Sie ein Reklamationsschreiben wegen der Nachlieferung von 3 auf dem Bahntransport wegen mangelhafter Verpackung beschädigten Verstärkeranlagen (блок усиления); der Waggon und seine Plomben waren unversehrt.

4.12. Reklamation wegen mangelhafter Qualität der Ware – Рекламация на недоброкачественность товара

4.12.1. Einleitung

Qualitätsmängel einer Ware können sehr verschiedenartig sein. Die einen sind auf den ersten Blick erkennbar, andere erst beim Gebrauch der Ware. Qualitätsmängel können daher auch noch nach Wochen bzw. im Rahmen der Garantiezeit reklamiert werden. Die einen Mängel betreffen die Ware als Ganzes, andere, besonders bei technischen Apparaturen, nur einzelne Teile davon. Es können Fehler im Material sein oder Fehler in dessen Bearbeitung. Es kann sich aber auch um fälschlicherweise gesandte Ware handeln. Diese Mannigfaltigkeit läßt sich in diesem Rahmen nicht berücksichtigen. Unsere Beispiele beziehen sich daher auf: 1. fälschlicherweise gesandte Ware;
2. Ware mit minderwertigem Material;
3. Ware mit Fehlern in der Bearbeitung.
Auch diese Schreiben entsprechen in ihrer Anlage der Grundstruktur von Reklamationen (s. Kapitel 3). Jeder Reklamation wegen Qualitätsmängeln sind Beweismittel beizufügen.

4.12.2. Musterbriefe

✉ **4/41** Reklamation wegen Ware aus minderwertigem Material

> О рекламации на партию недоброкачественного кофе по контракту № 13-66/432
>
> Уважаемые господа!
>
> Сообщаем, что мы, к сожалению, не можем принять Вашу последнюю партию кофе, отгруженную Вами на т/х "Калуга", по цене, указанной в Вашем счёте. Качество товара оказалось значительно ниже качества образцов, на базе которых был заключён контракт.
> Вам должно быть известно, что согласно контракту мы имеем право отказаться от некондиционного[1] товара. Однако, учитывая наши длительные деловые связи, мы готовы принять эту партию, в виде исключения, при условии, что Вы снизите цену, указанную в Вашем счёте, на 12%.
> Мы надеемся, что Вы согласитесь предоставить нам эту скидку. Просим сообщить нам Ваше решение как можно скорее.
>
> С уважением

[1] nicht vertragsgerecht

4/42 Reklamation wegen fälschlicherweise gesandter Ware

О частично ошибочной поставке по контракту № 35-08/212

Уважаемый господин Тимофеев!

Сообщаем, что 10 июня с. г. прибыли два агрегата упаковочных машин[1] модели Ц-18-А в счёт вышеуказанного контракта.
   При монтаже агрегатов было обнаружено, что соединительные детали[2] принадлежат агрегатам модели Ц-18-М. Данный факт удостоверен коммерческим актом № 1/35-08/212, подписанным также Вашим представителем. В связи с этим мы, к сожалению, были вынуждены прервать[3] монтаж машин.
   Основываясь на вышеизложенном, убедительно просим Вас в возможно короткий срок за Ваш счёт заменить ошибочно поставленные детали правильными, по возможности авиагрузом, и возместить убытки, вызванные[4] задержкой в производстве[5]. Так как использовать ошибочно поставленные детали не представляется возможным, мы вынуждены отправить их обратно. Все расходы по их возврату[6] несёт Ваша Сторона.
   О Вашем решении просим уведомить нас как можно скорее.

С уважением

Приложение: Коммерческий акт
№ 1/35-08/212

[1] Verpackungsmaschinen
[2] Verbindungsstück
[3] unterbrechen
[4] hervorrufen
[5] in der Produktion
[6] Rückführung

4/43 Reklamation wegen Ware mit Mängeln in der Bearbeitung

О некондиционных прессах по контракту
№ 41-67/801

Уважаемые господа!

Мы вынуждены сообщить Вам, что прессы, прибывшие 15 мая с. г. в счёт вышеуказанного контракта, были подвергнуты тщательному испытанию, которое, к нашему большому сожалению, привело к отрицательным результатам.

Из прилагаемого акта экспертизы № 1/41-67/801 видно, что прессы, помеченные[1] в Вашей фактуре под № 5 и 6, не соответствуют по своей конструкции нашим чертежам, переданным Вашему представителю в декабре прошлого года.

Наши специалисты констатировали внесение[2] Вами ряда изменений в конструкции этих прессов без согласования с нами. При этих обстоятельствах мы, к сожалению, лишены возможности использовать эти машины на нашем заводе и должны отправить их обратно с отнесением всех расходов по их возврату на Ваш счёт.

Взамен[3] некондиционных прессов мы просим отправить нам прессы в соответствии с нашими кондициями. В другом случае мы вынуждены отказаться от контракта.

Просим незамедлительно сообщить нам о Вашем решении.

С уважением

Приложение: Акт экспертизы № 1/41-67/801

[1] aufgeführt sein
[2] hier: das Einfügen, Einbauen
[3] anstelle

4.12.3. Sprachliche Wendungen und Strukturen

(a) Die unerfreuliche Information einleitende Konstruktionen
(Вводные в неприятную информацию конструкции) siehe 4.10.3. (a)

(b) Mitteilung über nicht vertragsgerechte, minderwertige Ware
(Сообщение о некондиционном, недоброкачественном товаре)

1

При приёмке		Beim Empfang (Bei der Übergabe)
При монтаже		Bei der Montage
При установке	аппарата	Bei der Aufstellung
При наладке		Beim Einrichten
При испытании		Bei der Erprobung (Beim Probelauf, Test)

des Gerätes (Apparates)

2

выявились	/следующие/ недостатки.	stellten sich /folgende/ Mängel heraus.
были обнаружены		wurden /folgende/ Mängel festgestellt.

3

Аппарат

оказался | пониженного качества.
         | низкого качества.
был признан некачественным.

показал пониженную производи-
   тельную мощность.
не мог быть пущен в эксплуатацию.

расходится по своей конструкции
   с нашими чертежами.

не соответствует условленным
   кондициям /размерам/.
не пригоден к эксплуатации.
не работает.

Der Apparat

erwies sich als qualitäts-
   gemindert.
wurde als mangelhaft
   eingeschätzt.
wies eine schwächere
   Leistung auf.
konnte nicht in Betrieb
   genommen werden.

stimmt seiner Konstruktion nach
   nicht mit unseren Zeichnungen
   überein.
entspricht nicht den vereinbarten
   Bedingungen /Abmessungen/.
ist nicht zur Verwendung geeignet.
funktioniert nicht.

5	

От наших комитентов
   поступают | жалобы на
   поступили | низкое каче-
   продолжают | ство товара.
     поступать
 	
Наши заказчики крайне
   недовольны качеством товара.
	Unsere Auftraggeber
	   beklagen sich | über die
	   beklagten sich | schlechte
	   beklagen sich | Qualität
	     fortgesetzt | der Ware.
	
	Unsere Auftraggeber sind mit
	   der Qualität der Ware äußerst
	   unzufrieden.

(c) Geltendmachen einer Reklamation, eines Anspruchs
(Предъявление рекламации, претензии) siehe 4.10.3. (c)

(d) Das Erheben von Forderungen wegen nicht vertragsgerechter, minderwertiger Ware
(Предъявление требований в связи с недоброкачественностью товара)
in Ergänzung von 4.10.3. (d) und 4.11.3. (d)

6	

Сумма причинённого
   ущерба | составляет ... .
Расчёт убытка |
	Die Summe des verursachten
	   Schadens beträgt ...
	Der Schaden wird mit ...
	   veranschlagt.

Убедительно просим Вас взамен некондиционного товара отправить нам товар в соответствии с условиями контракта.

Wir bitten Sie dringlich, uns anstelle der nicht vertragsgerechten Ware die dem Vertrag entsprechende zu senden.

Убедительно просим Вас компенсировать расходы наших заказчиков в связи с заменой некондиционного товара в сумме ... .

Wir bitten Sie dringlich, die Ausgaben unserer Auftraggeber in Höhe von ..., die durch den Austausch der nicht vertragsgerechten Ware entstanden sind, auszugleichen.

Wendungen der Betonung des Entgegenkommens bei der Schadensbegrenzung

7	

/Однако,/ принимая во внимание
Учитывая, однако,
   наши хорошие деловые отношения,
   наши длительные деловые связи,
	/Jedoch/ in Anbetracht
	Jedoch unter Berücksichtigung
	   unserer guten /langjährigen/
	   Geschäftsbeziehungen

8/9	

7

8

мы согласны принять товар, если Вы	sind wir damit einverstanden, die Ware zu nehmen, wenn Sie
мы готовы, в виде исключения, принять этот товар при условии, что Вы	sind wir ausnahmsweise bereit, diese Ware zu nehmen unter der Bedingung, daß Sie
снизите цены Вашей фактуры на 18%.	Ihren Rechnungspreis um 18% senken.
предоставите нам скидку в 10%.	uns einen Preisnachlaß von 10% gewähren.

7

9

Мы были бы согласны	Wir wären einverstanden,
принять этот товар со скидкой в 12%	die Ware abzunehmen bei einem Preisnachlaß von 12%
с двадцатипроцентной скидкой	bei einem 20%-igen Preisnachlaß
с его фактурной | стоимости. с его фактической |	vom Rechnungspreis. vom Ist-Preis.

Мы можем принять этот товар только при условии,	Wir können die Ware nur unter der Bedingung abnehmen,
если Вы снизите цены Вашей фактуры на 12%.	daß Sie die Preise Ihrer Warenrechnung um 12% senken.
если Вы предоставите нам скидку в 15%.	daß Sie uns einen Rabatt von 15% gewähren (geben).

10

Мы имеем право Это даёт нам право	Wir haben das Recht, Das gibt uns das Recht,
отказаться от этого товара.	diese Ware abzulehnen.
отказаться от приёмки партии.	die Annahme dieser Ware zu verweigern.
возвратить товар обратно.	diese Ware zurückzusenden.
обратиться в арбитраж.	uns an das Schiedsgericht zu wenden.

4.12.4. Übungen

1. Übersetzen Sie ✉ 4/41 – 4/43 ins Deutsche.

2. Gestalten Sie die Musterbriefe wie folgt um:
a) ✉ 4/41: Die Abmessungen der Verpackungsmaschinen stimmen nicht. Die gesamte Lieferung muß ausgetauscht werden.
b) ✉ 4/42: Alle Kommittenten klagen über die schlechte Qualität der letzten Kaffeelieferung.
c) ✉ 4/43: Die Pressen bringen nicht die vereinbarte Leistung. Fordern Sie umgehend Spezialisten der Lieferfirma an. Der bisher verursachte Schaden in der Produktion wird mit ... veranschlagt.

✗ 3. Geben Sie die Absätze 3 und 4 des Musterbriefes ✉ 4/43 in Telex-Umschrift wieder.

✗ 4. Übersetzen Sie ins Russische:

Wir müssen Ihnen leider mitteilen, daß wir höchst unzufrieden sind mit der Ausführung unseres Auftrages Nr. 04-51/333 vom 23. Juli dieses Jahres. Sie haben die Teillieferung mit einer zweiwöchigen Terminüberschreitung geliefert. Zudem ist die gelieferte Ware von minderer Qualität als die im Vertrag vereinbarte. Wir nehmen die Ware nur unter der Bedingung an, daß Sie den Preis wesentlich herabsetzen.

5. Gestalten Sie ein Reklamationsschreiben unter Verwendung folgender Angaben:
13 von 50 Elektromotoren (электромотор) weisen erhebliche Mängel auf. 9 erreichen nicht die vertraglich vereinbarte Leistung. Bei 4 anderen Motoren stimmen die abgesprochenen Abmessungen nicht. Sie konnten in den Fabriken der Auftraggeber nicht in Betrieb genommen werden. Die Käufer fordern die Lieferung von 13 intakten vertragsgerechten Motoren im Austausch gegen die beanstandeten auf Kosten des Verkäufers und Schadenersatz für Produktionsausfall.

4.13. Reklamation wegen Verletzung der Zahlungsbedingungen – Рекламация на нарушение условий платежа

4.13.1. Einleitung

Verletzungen der Zahlungsbedingungen können sowohl seitens des Käufers als auch des Verkäufers reklamiert werden. Reklamationen des Käufers beim Verkäufer betreffen Einwände gegen die dem Käufer zugestellte Rechnung wegen nichtvereinbarter Rechnungsposten oder Zahlungsmodi. Beweismittel sind dabei Kaufvertrag, Bestellung und die vorab versandte Proforma-Rechnung. Reklamationen des Verkäufers beim Käufer mahnen in der Regel die Einhaltung von Zahlungsverpflichtungen an.
Die Beispiele sind Reklamationen des Käufers. Sie entsprechen in ihrer Anlage der Grundstruktur von Reklamationen (s. Kapitel 3) unter Beifügung von Beweismitteln.

4.13.2. Musterbriefe

✉ **4/44** Reklamation wegen zwischenzeitlicher Preiserhöhung

> О рекламации на промежуточное повышение цены
>
> Уважаемые господа!
>
> Мы были очень удивлены, получив Ваш счёт-фактуру № 23-72. Сумма к оплате не соответствует цене, указанной в Вашем счёте-проформе, копию которого мы прилагаем. Мы уверены, что была допущена ошибка и что Вы не собираетесь усугублять то неудобство, которое было причинено задержкой в отгрузке, заставляя[1] нас платить по повышенной цене, о чём Вы нас не проинформировали и которая была введена через две недели после первоначально[2] согласованного срока.
>
> С уважением
>
> Приложение: счёт-проформа № 23-72/00

[1] zwingen
[2] ursprünglich

✉ **4/45** Reklamation wegen Nichteinhaltung von Preisabsprachen

О нарушении условий платежа

Уважаемые господа!

Мы были удивлены, получив Ваш счёт-фактуру: в Вашем письме от 12 июля с. г. Вы согласились взять на себя дополнительные расходы по хранению¹ товара на бондовом складе². Кроме того в сумме к платежу не учтена скидка на пробную партию.
Мы не оплатим Ваш счёт до получения разъяснения по этим расхождениям в сумме.

С уважением

[1] Aufbewahrung, Lagerung
[2] Zollspeicher

4.13.3. Sprachliche Wendungen und Strukturen

(a) Die unerfreuliche Information einleitende Konstruktionen
(Вводные в неприятную информацию конструкции) in Ergänzung von 4.10.3. (a)

1
Мы крайне /очень/ удивлены,
получив ∣ Ваше письмо от ... . ∣ Ваш счёт-фактуру.

Wir sind äußerst /sehr/ verwundert
nach dem Eingang ∣ Ihres Briefes vom ... ∣ Ihrer Warenrechnung.

(b) Mitteilung über Verletzungen der Zahlungsbedingungen
(Сообщение о нарушении условий платежа)

2
В сумме к платежу
учтена скидка на пробную партию.
учтены расходы по выгрузке товара.

In der zu zahlenden Summe ist /sind/ berücksichtigt
  der Preisnachlaß für die Probelieferung.
  die Ausgaben für das Entladen der Ware.

3	
Сумма к оплате не соотвесвует цене, указанной в предложении. в счёте-проформе.	Die zu zahlende Summe entspricht nicht dem Preis, der im Angebot | angegeben der in der Profor- | ist. ma-Rechnung |

Мы уверены, что была допущена ошибка.	Wir sind sicher, daß ein Fehler unterlaufen ist.
Мы уверены, что Вы не собираетесь усугублять неудобство с повышением цены.	Wir sind sicher, daß Sie nicht beabsichtigen, die Unannehmlichkeiten der Preiserhöhung zu vergrößern.
Вы согласились взять на себя дополнительные расходы.	Sie waren einverstanden, zusätzliche Kosten zu übernehmen.

(c) Geltendmachen einer Reklamation, eines Anspruchs (Предъявление рекламации, претензии) siehe 4.10.3. (c)

(d) Das Ankündigen von Gegenmaßnahmen wegen nicht vertragsgerechter Zahlungsbedingungen (Предъявление требований в связи с нарушением условий платежа) in Ergänzung von 4.10.3. (d), 4.11.3. (d) und 4.12.3. (d)

Мы не оплатим Ваш счёт до получения разъяснения по этим расхождениям в сумме.	Wir bezahlen Ihre Rechnung nicht, bis wir Aufklärung erhalten haben über die Divergenz des Betrages.

4.13.4. Übungen

1. Übersetzen Sie ✉ 4/44 und 4/45 ins Deutsche.

✗ 2. Geben Sie in Telex-Umschrift den ✉ 4/45 ohne Betreffzeile und Anrede wieder.

3. Gestalten Sie den 1. und 2. Satz des ✉ 4/44 unter Verwendung von eine unerfreuliche Information einleitenden Konstruktionen (s. 4.10.3. (a), S. 81) um.

✗ 4. Übersetzen Sie ins Russische:
Wir sind sehr verwundert, daß der Stückpreis in Ihrer Warenrechnung nicht dem im Kaufvertrag festgelegten Preis entspricht. Sie haben uns darüber nicht informiert. Wir wären nur unter der Bedingung bereit, die Ware abzunehmen, wenn Sie uns einen Mengenrabatt von 3% gewähren.

5. Gestalten Sie ein Telex unter Verwendung folgender Angaben:
Die Warenrechnung weicht in 2 Positionen vom Vertrag ab: bedeutend höhere Frachtkosten, der Stückpreis schließt nicht die Verpackungskosten ein; ohne befriedigende Klärung dieser Positionen erfolgt keine Bezahlung der Ware.

4.14. Antwort auf Reklamationen

4.14.1. Einleitung

Reklamationsschreiben sind unbedingt zu bearbeiten und zu beantworten, um Geschäftsbeziehungen, vor allem langjährige, nicht über Gebühr zu belasten und um nachteilige Rechtsstreitigkeiten zu vermeiden. Da die Bearbeitung einer Reklamation in den meisten Fällen einige Zeit in Anspruch nimmt, ist der reklamierenden Firma umgehend ein Zwischenbescheid über den Eingang der Reklamation zuzustellen.

Die Antwort auf eine Reklamation (ответ на письмо-рекламацию) kann grundsätzlich vom Inhalt her von folgender Art sein:

(a) volle Anerkennung der Reklamationsansprüche
 (полное признание претензий)
(b) Zurückweisung aller erhobenen Reklamationsansprüche
 (отклонение всех предъявленных претензий)
(c) teils Anerkennung, teils Zurückweisung von Reklamationsansprüchen
 (частичное признание и частичное отклонение претензий)

Die nötigen Zwischenbescheide beschränken sich auf die Bestätigung des Eingangs der Reklamation und einen Vermerk, daß mit ihrer Bearbeitung begonnen wurde. Eine Antwort, die alle Ansprüche anerkennt, führt die betreffenden Ansprüche im einzelnen an, z.T. als Maßnahmen, die bereits eingeleitet sind. Unbedingt enthält sie auch eine Entschuldigung für das unerfreuliche Vorkommnis. Eine Antwort, die alle Ansprüche zurückweist, ist in der Regel umfänglicher, da die Ablehnung zu begründen ist. Am Ende wird oft auf das Schiedsgericht als nächsten Schritt verwiesen. Ein Antwortschreiben, das einige Ansprüche akzeptiert und andere zurückweist, weist die Charakteristika sowohl der zustimmenden als auch der ablehnenden Antwort auf.

4.14.2. Musterbriefe

✉ **4/46** Zwischenbescheid über Empfang und Beginn der Bearbeitung einer Reklamation (unter Bezug auf ✉ 4/42, S. 92)

> О рекламации на поставку по контракту
> № 35-08/212
>
> Уважаемая госпожа Шуман!
>
> Подтверждаем получение Вашего письма от 12 июня с. г. и сообщаем, что Ваша рекламация относительно поставки двух агрегатов упаковочных машин модели Ц-18-А принята нами к рассмотрению.
> Срочно сообщим о принятом нами решении.
>
> С уважением

✉ **4/47** Antwort auf eine Reklamation mit Anerkennung aller Ansprüche (unter Bezug auf ✉ 4/37, S. 80)

> О рекламации на просрочку поставки по контракту № 42/95
>
> Уважаемые дамы и господа!
>
> Очень сожалеем, что наша последняя партия женских сапог марки "Леди" послужила поводом[1] для рекламации.
> После проверки приведённых Вами доводов[2] мы убедились в том, что Ваша рекламация совершенно обоснована[3]. Поэтому мы готовы предоставить Вам скидку в размере 9% от общей суммы нашего счёта-фактуры для возмещения возникшего у Вас убытка. При этом прилагаем кредит-ноту[4].
> Надеемся, что это решение вопроса удовлетворит Вас и ещё раз просим извинить нас за допущенную просрочку поставки.
>
> С уважением
>
> Приложение: Кредит-нота № 35-0194

[1] Anlaß
[2] Beweis(grund), Argument
[3] begründet sein
[4] Gutschrift

4/48 Antwort auf eine Reklamation mit Ablehnung aller Ansprüche (unter Bezug auf 4/36, S. 79)

О рекламации на просрочку поставки по заказу № 31/96

Уважаемый господин Жуков!

Мы внимательно изучили Вашу вышеуказанную рекламацию и можем теперь сообщить Вам свою точку зрения.

Приведённое нами отсутствие тоннажа было вызвано штормом[1], в связи с этим нужное нам грузовое судно[2] в течение 3 дней не могло войти с внешнего рейда[3] в порт отправления. Об этом мы прилагаем акт экспертизы № 11/0994 капитана порта.

Согласно Статье 79 Конвенции ООН[4] о договорах международной купли-продажи продавец "не несёт ответственность за неисполнение[5] любого из своих обязательств[6], если ... оно было вызвано препятствием[7] вне её (его) контроля". Ссылаясь на эту Статью мы не можем считать себя ответственными за просрочку поставки и отклоняем Ваши претензии.

Однако, если Вы не согласны, мы предлагаем передать дело в арбитраж[8] и готовы назначить нашего арбитра[9].

С уважением

Приложение: Акт экспертизы № 11/0994 капитана порта

[1] Sturm
[2] Frachter
[3] Außenreede
[4] UNO
[5] Nichterfüllung
[6] Pflicht
[7] Hinderung(sgrund)
[8] Schiedsgericht
[9] Schiedsrichter, Vermittler

✉ **4/49** Antwort teils mit Anerkennung, teils mit Ablehnung von Reklamationsansprüchen (unter Bezug auf ✉ 4/38, S. 85)

> О рекламации на повреждённые кофеварки
>
> Уважаемые господа!
>
> Мы очень сожалеем, что 2 из кофеварок последней партии по контракту № 29-84/112 были получены Вами повреждёнными. В связи с этим мы полностью признаём коммерческий акт № 1/29-84/112. Но не можем согласиться с тем, что товар уже был повреждён до упаковки. Поэтому мы не готовы послать Вам новые кофеварки.
>
> Однако, учитывая наши долголетние деловые отношения, мы предлагаем Вам следующее: поскольку[1] из коммерческого акта видно, что повреждение касается только отдельных заменяемых деталей кофеварок, мы могли бы направить к Вам, за наш счёт, техника нашей фирмы с нужными запасными частями, чтобы исправить[2] возникшие повреждения.
>
> Надеемся, что такое решение вопроса удовлетворит Вас. Если Вы согласны с нашим предложением, просим незамедлительно сообщить нам об этом.
>
> С уважением

[1] da ... ja
[2] reparieren

4.14.3. Sprachliche Wendungen und Strukturen

(a) Vermerk über die Annahme der Reklamation zur Bearbeitung
(Пометка о принятии рекламации к рассмотрению)

1	
/Сообщаем Вам, что/ Ваша рекламация принята нами к рассмотрению.	/Wir teilen Ihnen mit, daß/ Ihre Reklamation (ist) von uns zur Prüfung angenommen (ist).

(b) Konstruktionen, die die Antwort auf die Reklamation einleiten
(Конструкции, вводящие в ответ на рекламацию)

2
/Очень/ сожалеем, что последняя партия поставка №... наш счёт-фактура дал(а) Вам повод послужил(а) поводом для рекламации.

Wir bedauern /sehr/, daß
   die letzte Partie
   die Lieferung Nr. ...
   unsere Warenrechnung

Ihnen Anlaß gab
Ihnen als Anlaß diente
   zur Reklamation.

3
Мы внимательно изучили Мы тщательно рассмотрели Ваши претензии Вашу рекламацию и теперь можем сообщить Вам свою точку зрения.

Wir haben aufmerksam
   /sorgfältig/
   Ihre Ansprüche untersucht
   Ihre Reklamation geprüft

und können Ihnen jetzt
   unseren Standpunkt mitteilen.

(c) Stellungnahme zu den erhobenen Ansprüchen
(Высказывание о предъявленных претензиях)

4
После проверки приведённых Вами доводов мы убедились в том, Сообщаем,

Nach Prüfung der von Ihnen
   angeführten Beweisgründe
   haben wir uns davon
   überzeugt,
Wir teilen Ihnen mit,

5

4

5

что Ваша рекламация (совершенно) /не/обоснована.	daß Ihre Reklamation (völlig) /un/begründet ist.
что мы /не/ можем согласиться с Вашим предложением ...	daß wir Ihrem Vorschlag /nicht/ zustimmen können ...
что мы вынуждены признать Ваши претензии /на .../.	daß wir Ihre Ansprüche /auf .../ anerkennen müssen.
что мы готовы взять на себя полную ответственность за ...	daß wir bereit sind, die volle Verantwortung für ... zu tragen (auf uns zu nehmen).
что мы должны отклонить Вашу претензию /на .../.	daß wir Ihren Anspruch /auf .../ ablehnen müssen.
что мы не можем считать себя ответственными за	daß wir uns nicht als verantwortlich ansehen können für ... .
что мы не можем нести ответственность за	daß wir nicht die Verantwortung übernehmen (tragen) können für ... .

6

Сообщаем,	Wir teilen Ihnen mit,
что Ваша рекламация /на .../ удовлетворяется.	daß Ihrer Reklamation /wegen .../ entsprochen (Genüge getan) wird.
что Ваша претензия признана /не/обоснованной.	daß Ihr Anspruch für /un/begründet angesehen wird.
что мы готовы взять на себя полную ответственность за ...	daß wir bereit sind, die volle Verantwortung für ... zu tragen (auf uns zu nehmen).
что мы считаем требуемую Вами скидку преувеличенной.	daß wir den von Ihnen geforderten Preisnachlaß für überzogen halten.

(d) Die Begründungen für die Stellungnahmen sowie die daraus abgeleiteten Schritte sind inhaltlich und sprachlich so vielgestaltig und speziell, daß hier nicht näher darauf eingegangen werden kann.

(e) Konstruktionen, die die Antwort auf eine Reklamation abschließen (Заключительные конструкции ответа на рекламацию)

Надеемся, что предложенное нами решение вопроса удовлетворит Вас.	Wir hoffen, daß die von uns vorgeschlagene Lösung der Frage Sie zufriedenstellt.
Если наше предложение для Вас приемлемо, сообщите нам об этом немедленно.	Wenn unser Vorschlag (Angebot) für Sie annehmbar ist, teilen Sie uns dies umgehend mit.
Примите, пожалуйста, наши извинения за причинённые неудобства.	Nehmen Sie bitte unsere Entschuldigung für die von uns verursachten Unannehmlichkeiten entgegen.
Ещё раз просим извинить нас за допущенную недостачу.	Nochmals bitten wir, die uns unterlaufene Minderlieferung zu entschuldigen.
Благодарим Вас за понимание и заверяем в том, что это больше не повторится.	Wir danken Ihnen für Ihr Verständnis und versichern, daß sich das nicht wiederholen wird.
Мы приняли меры, чтобы это впредь не повторилось.	Wir haben Maßnahmen getroffen, daß sich das künftig nicht wiederholt.
Если, однако, Вы не согласны, мы предлагаем передать дело в арбитраж и готовы назначить нашего арбитра.	Wenn Sie jedoch nicht einverstanden sind, schlagen wir vor, die Angelegenheit dem Schiedsgericht zu übergeben; wir sind bereit, unseren Schiedsrichter (Vermittler) zu benennen.

4.14.4. Übungen

1. Übersetzen Sie die Musterbriefe ✉ 4/46 - 4/49 ins Deutsche.

2. Gestalten Sie den ✉ 4/47 zu einem Telex um. Das heißt unter anderem, die Gutschrift kann nicht beigefügt werden, sondern sie ist als gesonderte Sendung anzukündigen.

✗ 3. Übersetzen Sie ins Russische:
Nach sorgfältiger Prüfung Ihrer Reklamation haben wir uns davon überzeugt, daß Ihre Ansprüche begründet sind. Wir haben die Summe für den entstandenen Schaden bereits auf Ihr Verrechnungskonto überwiesen.

4. Verfassen Sie eine Antwort
a) auf das Reklamationsschreiben ✉ 4/42 (S. 92), in der die Ansprüche anerkannt werden;
b) auf das Reklamationsschreiben ✉ 4/42, in der die Ersatzlieferung anerkannt wird, auf die Rücksendung der fälschlich gelieferten Teile aus Kostengründen verzichtet wird und um die Höhe der Kosten des Produktionsausfalls gebeten wird.

4.15. Referenz- und Bonitätsersuchen − Запрос о статусе фирмы

4.15.1. Einleitung

In der derzeitig noch sehr instabilen Wirtschaftslage in Rußland sind Referenzen (рекомендáция) und Bonitätsüberprüfungen (информáция о финáнсовом положéнии фи́рмы, о платёжеспосóбности фи́рмы) über Auslandsfirmen, mit denen eine Zusammenarbeit oder Firmenbeteiligung angestrebt wird, besonders ratsam.
Häufig werden diese Informationen auch durch eine Auskunftei (спрáвочное агéнтство) oder eine auf diese Art von Dienstleistungen spezialisierte Firma erbeten. Dies geschieht dann in der Regel über bereits speziell vorgefertigte Formblätter.

Hauptinhalte und Grundstruktur eines Ersuchens

> (a) Bezugnahme auf die Referenzquelle bzw. das Überprüfungsangebot
> (b) Darlegung der Ausgangssachlage, des Grundes des Ersuchens
> (c) Bitte um Informationen
> (d) Hinweis auf den vertraulichen Umgang mit den erhaltenen Informationen

Diese Arten von Schreiben sind individuell sehr unterschiedlich, daher sind (a), (b) und (c) in der Abfolge beliebig austauschbar bzw. verbindbar. (a) ist nicht in jedem Fall erforderlich. Die Bitte um Informationen (c) erstreckt sich in der Regel auf Auskunft über Firmeninhaber (предпринимáтель, владéлец фи́рмы), Firmenruf (репутáция) und Geschäftsumfang (объём дéятельности) sowie die Höhe der Kreditwürdigkeit (кредитоспосóбность), Zahlungsfähigkeit (платёжеспосóбность) und Zahlungsmanier (манéра/вид/спóсоб платежá). Der Hinweis auf die Vertraulichkeit (конфиденциáльность) der Informationen (d) kann auch vor die Anrede gesetzt und damit das gesamte Dokument mit dem Attribut VERTRAULICH (КОНФИДЕНЦИАЛЬНО) versehen werden.

4.15.2. Musterbriefe

✉ **4/50** Referenzersuchen

> Просьба об информации
>
> Уважаемые дамы и господа!
>
> Компания Минсквнешсервис, ссылаясь на Вас, предложила нам свои услуги.
> Перед подписанием с ними твёрдого контракта мы хотели бы узнать Ваше мнение по поводу качества выполняемых ими работ и укладываются ли они в смету[1], а также соблюдают ли они сроки[2] выполнения работ. Вы можете быть уверены, что Ваше мнение мы будем рассматривать в качестве конфиденциального документа.
>
> С уважением

[1] den Kostenvoranschlag einhalten
[2] Fristen halten /einhalten/

✉ 4/51

Уважаемый г-н Тимофеев!

Мы планируем в нашем здании новую специальную установку в лаборатории и поэтому связались с фирмой Айсвис в Вашем городе.

Эта компания сообщила нам, что установила подобную установку в лаборатории Вашего филиала в г. Мюнхене.

Мы были бы Вам очень благодарны, если бы Вы сообщили нам Ваше мнение относительно качества и надёжности[1] установки, качества выполненных фирмой Айсвис работ и их послепродажных услуг[2].

С уважением

[1] Zuverlässigkeit
[2] Serviceleistungen

✉ 4/52 Bonitätsersuchen

КОНФИДЕНЦИАЛЬНО

Просьба об информации

Уважаемые дамы и господа!

Мы получили большой заказ на горное оборудование[1] от компании КАМВНЕШТОРГ Лтд., которая дала нам Ваш адрес, сославшись на Ваш банк, как на возможный источник информации о компании.

Поэтому мы были бы Вам признательны, если бы Вы в ближайшее время направили нам информацию о финансовом положении этой компании.

С уважением

[1] Anlagen für den Bergbau

✉ 4/53

Уважаемые господа!

Недавно с нами связалась МП ИНТЕР-ГРАММА г. Выборга, желающее разместить большой заказ на звукотехническое оборудование[1] для синхронного перевода. Хотя это был их первый заказ у нас, эта фирма попросила о предоставлении кредита на 3 месяца.

Так как мы только недавно начали устанавливать[2] деловые контакты с фирмами в России, мы пока плохо знаем местные условия.

Мы обращаемся к Вам, чтобы уточнить, могли бы мы предоставить кредит, который они просят. В частности, мы хотели бы определить, насколько надёжно финансовое положение этой фирмы относительно иностранной валюты, и будет ли оправдан[3] риск продажи этой фирме товаров в кредит на сумму до 40 тыс. DM.

Заверяем Вас, что Ваш ответ будет строго конфиденциальным.

С глубоким уважением

[1] schalltechnische Anlagen
[2] herstellen
[3] gerechtfertigt

4.15.3. Sprachliche Wendungen und Strukturen

(c) Bitte um Informationen

1
Мы были бы Вам очень признательны, если бы Вы

2

Wir wären Ihnen sehr verbunden, wenn Sie

1		
	2	
	предоставили нам информацию	uns Informationen zur Verfügung stellen könnten
	направили нам информацию	uns Informationen zusenden könnten
	смогли навести справку	Erkundungen einziehen könnten
	смогли высказать Ваше мнение	Ihre Meinung äußern könnten
	смогли сообщить нам Ваше мнение	uns Ihre Meinung mitteilen könnten
		3

2	
3	
о состоянии дел	über die geschäftliche Lage
о репутации	über den Ruf
о референциях	über Referenzen
о платёжеспособности	über die Zahlungsfähigkeit
о финансовом положении	über die finanzielle Lage
о качестве выполненных работ	über die Qualität der ausgeführten Arbeiten
о солидности	über die Solidität
о серъёзности	über die Seriosität
о деятельности	über die Tätigkeit
о степени порядочности	über den Grad der Seriosität
этой фирмы.	dieser Firma.
этой компании.	dieser Firma/dieses Unternehmens.

4	
Мы хотели	Wir möchten
Мы хотели бы	Wir würden gern
уточнить,	präzisieren,
узнать,	erfahren,
	8

1	
7	
уточнили,	präzisieren könnten,
сообщили,	uns mitteilen könnten,
8	

1 + 7/4

8

считаете ли Вы надёжным финансовое положение фирмы?	ob Sie die finanzielle Lage der Firma positiv einschätzen würden.
можем ли мы работать с фирмой без риска?	ob wir mit der Firma ohne Risiko arbeiten können.
будет ли оправдан риск продажи в кредит?	ob das Risiko des Verkaufs auf Kredit gerechtfertigt wäre.
будет ли оправданным предоставление кредита?	ob die Vergabe eines Kredits gerechtfertigt wäre.
оправдана ли оценка, ...?	ob die Einschätzung zutrifft, ...
числится ли компания в Торговом реестре (регистре)?	ob die Firma im Handelsregister geführt wird.
какова репутация фирмы?	welchen Ruf die Firma genießt.
осуществляются ли платежи своевременно?	ob die Zahlungen rechtzeitig erfolgen.
выдерживаются ли сроки?	ob die Fristen eingehalten werden.
удовлетворены ли Вы качеством выполненных фирмой работ?	ob Sie mit der Qualität der von der Firma ausgeführten Arbeiten zufrieden sind.

Будет ли справедливым с нашей стороны предоставление кредита на сумму до .... DM?

Ist es von unserer Seite vertretbar (richtig), einen Kredit in Höhe bis zu ... DM zu erteilen?

Мы были бы Вам признательны за информацию об этой компании.

Wir wären Ihnen für eine Information über diese Firma sehr verbunden.

(d) Hinweis auf die vertrauliche Behandlung der Informationen

Конфиденциально.
Строго конфиденциально.
(Только) Для служебного использования.
Это, конечно, конфиденциальная
 информация.
/Заверяем Вас, что/ Мы будем
рассматривать информацию
 как конфиденциальную.
 в качестве конфиденциального
  документа.

Vertraulich.
Streng vertraulich.
(Nur) Für den Dienstgebrauch.
Dies ist natürlich eine vertrauliche
 Information.
/Wir versichern Ihnen, daß/ Wir die
Informationen
 als vertraulich ansehen.
 als vertrauliches Dokument betrachten (werten).

4.15.4. Übungen

1. Übersetzen Sie den Auszug aus folgendem Antwortschreiben:
Компания "..." имеет отличную репутацию. Полагаем, что мы можем засвидетельствовать высокий уровень руководства фирмой и надёжное финансовое положение.

2. Welche Informationen sind bei der Beurteilung der Bonität einer Firma von Interesse? Benennen Sie diese russisch!

3. Entwerfen Sie ein Schreiben mit der Bitte um Auskünfte über die Firma Belpromtransport GmbH, die für Ihre Firma eine Reihe von Auslandstransporten übernehmen könnte.

4.16. Schriftwechsel mit Auslandsvertretern –
Корреспонденция с иностранными представителями

4.16.1. Einleitung

Die richtige Auswahl der Auslandsvertreter ist von entscheidender Bedeutung für das erfolgreiche Abwickeln von Außenhandelsgeschäften. Dies gilt in besonderem Maße für externe Vertreterfirmen (фи́рма-представи́тель, auch торго́вый аге́нт, фи́рма-аге́нт, торго́вое аге́нтство). Das Verfügen über persönliche Kontakte im Ausland ist in dieser Beziehung oftmals ausschlaggebend für einen Erfolg. Der Briefwechsel mit Auslandsvertretern ist so vielschichtig wie die gesamte Geschäftstätigkeit. Er ist individuell sehr unterschiedlich.
Als Beispiel für Korrespondenzen mit Auslandsvertretern soll daher an dieser Stelle nur ein Angebot (предложе́ние) für eine Auslandsvertretung ausgeführt werden.

Als Anhang zu diesem Kapitel erscheinen desweiteren (nur als Muster zur sprachlichen Rezeption)
– eine Mustervereinbarung (аге́нтское соглаше́ние) für eine Auslandsvertretung;
– eine Vollmacht (дове́ренность) für einen Auslandsvertreter.

Hauptinhalte und Grundstruktur eines Angebots für eine Auslandsvertretung

> (a) Einleitung (kurzer Sachbezug, Bezugnahme auf Referenzen, Inserate o.a. Quellen)
> (b) kurze Vorstellung der Firma oder der im Ausland zu vertreibenden bzw. aus dem Ausland zu importierenden Produkte (Produktpalette)
> (c) Bitte um die Übernahme der Auslandsvertretung bzw. um Hilfe/ Unterstützung bei der Suche nach einem geeigneten Partner
> (d) Hinweis auf besondere Anforderungen an den Vertreter bzw. die Vertretung
> (e) Hinweis auf nähere Auskünfte

(a), (d) und (e) können stark variieren und sind nicht in jedem Falle erforderlich. Die sprachliche Realisierung von (b) sollte sehr präzise, konkret und knapp ausgeführt werden, um den Ansprechpartner zu interessieren und zu motivieren. Gegebenenfalls können Informationsmaterialien das Schreiben ergänzen.

4.16.2. Musterbriefe

✉ **4/54** Vertretungsangebot

> О торговом агентстве в г. Москве
>
> Уважаемый Константин Фёдорович!
>
> Мы беседовали с Вами на международной выставке книг в г. Франкфурте-на-Майне.
> Как Вы уже знаете, наше издательство специализируется на детской литературе. В частности мы имеем ряд интереснейших учебных материалов для детей дошкольного и младшего школьного возраста для изучения иностранных языков. Мы знаем, что и в Москве наши материалы пользуются большим спросом[1]. До сих пор мы продавали эти материалы через внешнеторговую организацию[2]. Из-за сложностей с этой компанией у нас возникло намерение торговать нашими изданиями непосредственно через партнёрское торговое агентство.
> Настоящим хотим предложить Вам это представительство, так как Вы тоже обладаете хорошей торговой сетью в области.
> В случае интереса с Вашей стороны о всех условиях совместной деятельности можно поговорить в ближайшее время. В марте этого года представитель нашего издательства в лице г-а Фишера будет в Москве и сможет встретиться с Вами.
> Надеемся на совместную работу.
>
> С уважением

[1] Nachfrage
[2] Außenhandelsorganisation

4.16.3. Sprachliche Wendungen und Strukturen

(c) Anbieten einer Auslandsvertretung

1	
Настоящим письмом	In diesem Schreiben
Этим письмом	Mit diesem Schreiben
При этом 2/3	Hiermit

1	
2	
хотим предложить Вам	möchten wir Ihnen vor- schlagen
предлагаем Вам	schlagen wir Ihnen vor
совместную деятельность.	eine gemeinsame Tätigkeit.
работу в качестве фирмы- представителя.	die Arbeit als Auslands- vertretung.
генеральное представительство в области ...	die Generalvertretung in dem Gebiet ...
принять представительство.	die Vertretung zu übernehmen.
передать представительство.	die Vertretung zu übergeben.

(c) Bitte um Hilfe bei der Suche von Auslandsvertretern

1	
3	
обращаемся к Вам с просьбой	wenden wir uns an Sie mit der Bitte (,)
о помощи/поддержке	um Hilfe/Unterstützung
оказать нам помощь	uns behilflich zu sein
в поиске подходящего партнёра.	bei der Suche nach einem geeigneten Partner.

4.16.4. Übungen

1. Übersetzen Sie den ✉ 4/54!

2. Erläutern Sie in einem Anschreiben die Absicht, eine Auslandsvertretung für den Vertrieb von Kosmetikartikeln (косметика) in Nowgorod einzurichten. Ihre Kosmetikfirma ist spezialisiert auf Parfüm (духи). Nutzen Sie dabei als Vorlage den ✉ 4/54.

3. Bitten Sie bei der IHK (торгово-промышленная палата) um Hilfe bei der Suche nach einer geeigneten Auslandsvertretung (подходящий торговый посредник). Nutzen Sie dabei die Wendungen unter 4.16.3. und den ✉ 4/54.

Als Anhang zu diesem Kapitel erscheinen - als Muster zur sprachlichen Rezeption - eine Mustervereinbarung (агéнтское соглашéние) für eine Auslandsvertretung;[1] eine Vollmacht (довéренность) für einen Auslandsvertreter.

4.16.5. Anhang: Muster für eine Vereinbarung für eine Auslandsvertretung – Соглашение о представительстве

Соглашение о представительстве

между ....
именуемое в дальнейшем "Предприятие"

и ....
именуемое в дальнейшем "Представитель"

1. Предприятие предоставляет представителю исключительное право на продажу товара, производимого предприятием, на территории

....,
именуемой в дальнейшем территорией представительства.

2. Представитель обязан представлять интересы предприятия как коммерсант, не представлять фирм-конкурентов и сохранять в тайне предоставленные предприятием коммерческие секреты и условия в течении всего времени действия настоящего соглашения и даже после истечения этого срока. Представитель также обязан направлять регулярно, как минимум раз в месяц, отчёт в письменной форме о рынке территории представительства.

3. Предприятие обязано выплачивать представителю за посредническую деятельность комиссионное вознаграждение в размере ...% от дохода-нетто по всем осуществляемым сделкам. Оплата производится не позднее ....
с момента реализации сделок путём перечисления суммы на р/с представителя.
Возмещения общих (накладных) расходов (как почтовые расходы, расходы по отправке телеграмм, телексов, командировочные и т.д.), а также расходов, оплаченных наличными, не осуществляется.

4. Сделки, совершенные посредничеством представителя, считаются принятыми окончательно только после подтверждения предприятия в письменной форме путём письма, факса или телекса.
Расчётные счета выставляются предприятием, также инкассирование производится только предприятием.

5. Представитель имеет право реализовать товар по более высокой цене. В таком случае разница между ценами расчётной и реализованной распределяется поровну между предприятием и представителем.

6. Все изменения настоящего соглашения осуществляются путём дополнительного соглашения обоих сторон в письменной форме.

7. Настоящее соглашение вступает в силу с .... и действует по .... Никаких сообщений о прекращении его действия не даётся. При неисполнении или нарушении обязательств по настоящему соглашению одной из сторон другая сторона вправе в одностороннем порядке расторгнуть настоящее соглашение с предъявлением требований о возмещении понесённых убытков.

8. Соглашение считается нерасторгнутым, если один или несколько пунктов по какой-либо причине теряют свою силу.

9. Настоящее соглашение составлено на основе .... права. Для его толкования применяется .... право. Споры по настоящему соглашению подведомственны ....

Generalvollmacht

ДОВЕРЕННОСТЬ № 2

"18" сентября 19.. г.

Настоящей доверенностью КОМПЬЮТЕРХАУС Лтд., в лице генерального директора г-на Похта, Вольфганга, действующего на основании Устава, поручает Козлову Андрею Михайловичу, генеральному директору ТОО ИНТЕРКВАДРО, паспорт Nr. XVI-AK N 231248, представлять интересы КОМПЬЮТЕРХАУС Лтд. в Тульской области во всех учреждениях и организациях и перед гражданами, с правом передоверения, совершать все необходимые действия в интересах КОМПЬЮТЕРХАУС Лтд. по Агентскому соглашению от 2.10.19.. .

Доверенность действительна по 2.9.19.. (второе сентября 19..).

Образец подписи Козлова Андрея Михайловича
достоверяю

Директор подпись

М.П.

5. Lexik im Überblick

5.1. Art der Ware (Auswahl) – Вид товара (отбор)

товáр, товáры	die Ware, Waren
вид товáра, сорт, класс	Warenart, Sorte, Klasse
товáрная грýппа	Warengruppe
палúтра, спектр товáров	Warenpalette, -spektrum,
гáмма расцвéток товáров	Farbenspektrum der Ware
ассортимéнт	Sortiment
модéль, модéли, коллéкция	Modell, Modelle, Kollektion
образéц, мáрка	Muster, Marke
товáры мáрки "XY"	Waren der Marke „XY"
набóр товáров	Auswahl von Waren, Satz
товáры нарóдного потреблéния	Konsumgüter
хозя́йственные товáры	Haushaltwaren
меховы́е товáры	Pelzwaren
издéлие, издéлия	**das Erzeugnis**, Erzeugnisse
издéлия ... промы́шленности	Erzeugnisse der ... Industrie
издéлия пищевóй промы́шленности	(Genuß-) Nahrungsmittel
полиграфúческие издéлия	polygraphische Erzeugnisse
ювелúрные издéлия	Schmuck
материáл, материáлы	**Material**, Materialien
материáлы канцеля́рской принадлéжности	Büromaterialien
расхóдные материáлы	Verbrauchsmaterialien
стройúтельные материáлы	Baumaterialien
продýкт, продýкция	**das Produkt**, Produktion
полуфабрикáты	Halbfabrikate
продýкты (питáния)	Nahrungsmittel
экологúческие продýкты	Ökoprodukte
химúческие продýкты	chemische Produkte
продýкты перерабóтки сырья́	Produkte der Rohstoffverarbeitung
сырьё	**Rohstoff**
вторúчное сырьё	Sekundärrohstoff
тóпливо	Brennstoff
метáллы, минерáлы	Metalle, Mineralien
удобрéния	Düngemittel
совремéнная **тéхника**	moderne **Technik**
(áудио/вúдео)электрóнная тéхника	Unterhaltungselektronik
организациóнная тéхника (оргтéхника)	Büro- und Kommunikationstechnik

маши́на, маши́ны	**Maschine**, Maschinen
сельскохозя́йственные маши́ны	landwirtschaftliche Maschinen
полиграфи́ческие маши́ны	Druckmaschinen
грузовы́е маши́ны	LKW
(легкова́я) маши́на, автомоби́ль	Pkw, Auto
тра́нспортные маши́ны	Fördergeräte
копирова́льные маши́ны (ксе́роксы)	Kopiergeräte
электро́нно-вычисли́тельные маши́ны	Rechner (EDV)
обору́дование	**Anlage**, Ausrüstung
вспомога́тельное обору́дование	Hilfsausrüstung(en)
подъёмное обору́дование	Hebezeug(e)
тра́нспортное обору́дование	Fördertechnik
лаборато́рное обору́дование	Labortechnik
устано́вка	Ein-, Vorrichtung, **Anlage**
измери́тельная устано́вка	Meßvorrichtung
перераба́тывающая устано́вка	Aufbereitungsanlage
холоди́льная устано́вка	Kühlanlage
электротехни́ческая устано́вка	elektrotechnische Anlage
устро́йство	Vorrichtung, **Anlage**
устро́йство защи́ты	Schutzvorrichtung
устро́йства ЭВМ, компью́тер	EDV-Anlagen, Computer
персона́льные компью́теры	PC
аппарату́ра	Apparaturen
прибо́ры	Geräte
медици́нские прибо́ры	medizinische Geräte
инструме́нты	Werkzeuge, Instrumente
измери́тельные инструме́нты	Meßinstrumente
электро́нные элеме́нты	elektronische Elemente
запасны́е ча́сти (запча́сти)	Ersatzteile
быстроизна́шивающиеся ча́сти	Verschleißteile
основны́е сре́дства произво́дства	Investitionsgüter
тра́нспортные сре́дства	Transportmittel
сре́дства коммуника́ции	Kommunikationsmittel
се́рвис	Service, Kundendienst
услу́ги	Dienstleistungen
"ноу-ха́у"	Know-how
конса́лтинг	Beratung
рекла́ма	Werbung
марке́тинг (auch: ма́ркетинг)	Marketing
страхова́ние	Versicherung
недви́жимость (nur Sgl.)	Immobilie(n)

5.2. Qualität der Ware – Качество товаров

высококачественные товары	hochwertige Waren
/не/качественные товары	/keine/ Qualitätswaren
/не/доброкачественные товары	Waren von guter /schlechter/ Qualität
/не/удовлетворительные товары	/nicht/ zufriedenstellende Waren

товар ... — **Ware ...**

высшего качества	von höchster Qualität
высокого качества (I сорт)	von hoher Qualität
хорошего качества (II сорт)	guter Qualität
соответствующего качества (стандарт)	entsprechender Güte
удовлетворительного качества	befriedigender Güte
неудовлетворительного качества	unbefriedigender Güte
низкого качества	von niedriger Qualität
самого низкого качества	niedrigster Güte
низшего качества	minderwertiger Güte

качество товара ... — **die Güte/Qualität/ des Produkts/ der Ware ...**

удовлетворяет нас	stellt uns zufrieden
полностью отвечает/соответствует	entspricht vollständig
Вашим требованиям	Ihren Anforderungen
условиям контракта	den Vertragsbedingungen

качество товаров ... — **die Qualität der Waren ...**

соответствует	entspricht
будет соответствовать	wird entsprechen
должно соответствовать	soll/muß entsprechen
высшему уровню техники	dem höchsten Stand der Technik
на мировом рынке	auf dem Weltmarkt
действующим в России стандартам ГОСТу... /ОСТу .../	den in Rußland gültigen Normen der Industrienorm ...
стандарту №...	dem Standard Nr. ....
техническому описанию	der technischen Beschreibung
техническим условиям завода-изготовителя	den technischen Bedingungen des Herstellerwerkes

качество товара соответствует... — **die Warengüte entspricht...**

образцам,	den Mustern,
посланным Вам с курьером	die Ihnen per Kurier zugingen
которые мы отправили Вам сегодня особой почтовой посылкой	die wir Ihnen heute in einem gesonderten Paket abgeschickt haben
которые Вы получили от нас на прошлой неделе	die Sie vorige Woche von uns erhalten haben

компле́ктная документа́ция	vollständige Dokumentationen
сертифика́т ка́чества	Qualitätszeugnis, -paß
сертифика́т о происхожде́нии това́ра	Ursprungszeugnis
гаранти́йное письмо́	Garantieschein
рекоменда́ции	Referenzen
протоко́л испыта́ния	Testbericht
послепрода́жное обслу́живание	Service(leistung)
руково́дство по эксплуата́ции	Gebrauchsanweisung
техни́ческий осмо́тр	technische Überprüfung (TÜV)

5.3. Mengenangaben von Waren – Количество товаров

коли́чество (кол., кол-во)
това́ры како́го коли́чества

Menge, Quantität
Waren in welcher Menge

зака́з		Bestellung	von, über
поста́вка	на + Akk.	Lieferung	von
предложе́ние		Angebot	von, über, für

зака́з		Bestellung	
поста́вка	относи́тельно+ Gen.	Lieferung	bezüglich
предложе́ние		Angebot	

поста́вка + Gen.   Lieferung von

зака́з на 3 станка́	Bestellung von
предложе́ние относи́тельно 3 станко́в	Angebot bezüглich | 3 Werkzeug-
поста́вка 3 станко́в	Lieferung von | maschinen

Stückware (штук - шт.)

предложе́ние на 50 станко́в	Angebot über 50 Werkbänke
запро́с относи́тельно 50 станко́в	Anfrage bezüglich 50 Werkbänken
поста́вка	Lieferung von
50-и станко́в	50 Werkbänken
50-и шт. станко́в	50 Stk. Werkbänken
станко́в в коли́честве	Werkbänken in der Anzahl
(приме́рно, о́коло) 50 шт.	von (ca.) 50 Stk.
коли́чество штук: 50	Stückzahl: 50
станки́: 50 шт.	Werkzeugbänke: 50

Abmessungen für Stückware

1000 м шерстяны́х тка́ней	1000 m Wollstoff mit einer
ширино́й 120 см	**Breite von** 120 cm
листова́я сталь **толщино́й** 1 мм	1 mm **starkes** Stahlblech
доски́ **длино́й** 120 см	Bretter **von** 120 cm **Länge**
ёлки **высото́й** 2,5 м	Tannenbäume **von** 2,5 m **Höhe**

3 т целлофа́на 350 руло́нов ширино́й 175 мм	3 t Zellophan 350 Ballen mit einer **Breite von** 175 cm
о́кна **разме́ром** 135 x 165 см	Fenster der **Maße** 135 x 165 cm

Achtung!
Die Angabe von Länge, Breite, Höhe und Dicke erfolgt unter Anwendung des Instrumentals (vgl. доски́ **длино́й** /в/ 120 сантиметров).

предложи́ть 10 тыс. м ка́беля ма́рки КРСГ	10 000 Meter Kabel der Sorte KRSG anbieten
автомаши́на ма́рки "ЛАДА", 4500 штук согла́сно Ва́шему катало́гу	Automobil der Marke „LADA", 4500 Stück, Ihrem Katalog entsprechend
зака́з на 200.000 пар мужско́й о́буви	Bestellung für 200 000 Paar Herrenschuhe

Flüssigkeiten (жидкости) und Gase (газы)

19000 л оли́вкового (подсо́лнечного, мото́рного ...) ма́сла	19000 l Oliven- (Sonnenblumen-, Motoren-) öl
500 т ди́зельного то́плива (бензи́на А-94)	500 t Dieselkraftstoff (Benzin 94 Oktan)
35 т се́рной кислоты́	35 t Schwefelsäure
750 гкл ма́рочных вин	750 hl Markenwein
поста́вка приро́дного га́за о́бщим объёмом в 5000 тыс. м³	Lieferung von Erdgas im Gesamtvolumen von 5 000 000 m³

Schüttgut – Сыпучий груз

1200 м³ песка́	1200 m³ Sand
хло́пок, 5800 тонн	Baumwolle, 5800 t
2000 тонн ка́менного у́гля	2000 t Steinkohle
92-проце́нтный пентахлорфеноля́т на́трия в коли́честве 200-300 тонн	200 – 300 t 92%-iges Penthachlorphenolat Natrium
600.000 т пщени́цы	600 000 t Weizen

Anderes Gut nach Gewicht oder Fläche – Другой груз по весу или по площади

4000 тонн фру́ктов	4000 t Früchte
500 тонн ча́я	500 t Tee
10 тонн карто́на ма́рки А	10 t Karton der Sorte A
3000 куб.м ле́са кру́глого хво́йной поро́ды, 18 мм, 90% сосны́	3000 m³ Rundholz Nadelgehölz, 18 mm, 90% Kiefer
кра́ски разли́чных цвето́в 5000 т	5000 t verschiedenfarbige Farben
900 кг ко́жи	900 kg Leder
6 конте́йнеров со стекло́м в коли́честве 100 тонн	6 Container mit 100 t Glas
пли́тки из иску́сственного мра́мора, 300 кв.м	Fliesen aus künstlichem Marmor, 300 m²

Maßeinheiten – единицы измерения
Es gilt im allgemeinen das Internationale Einheitensystem SI (СИ).

Längenmaße – мера длины
миллиме́тр	мм	mm
сантиме́тр	см	cm
дециме́тр	дм	dm
метр	м	m
киломе́тр	км	km

Flächeninhalt – мера площади
квадра́тный миллиме́тр	мм^2 (кв.мм)	mm^2
квадра́тный сантиме́тр	см^2 (кв.см)	cm^2
квадра́тный дециме́тр	дм^2 (кв.дм)	dm^2
квадра́тный метр	м^2 (кв.м)	m^2
квадра́тный киломе́тр	км^2 (кв.км)	km^2

Volumen, Rauminhalt – мера объёма
литр	л	l
полли́тра	1/2 л	1/2 l
децили́тр	дл	dl
декали́тр	дкл	dal (10 l)
гектоли́тр	гкл	hl
куби́ческий сантиме́тр	куб.см (см^3)	cm^3
куби́ческий дециме́тр	куб.дм (дм^3)	dm^3
куби́ческий метр (кубоме́тр)	куб.м (м^3)	m^3

Masse – мера веса
грамм	г	g
килогра́мм	кг	kg
то́нна	т	t

Energie – энергия
джо́уль	Дж	J
киловатт-ча́с	кВтч	kWh

el. Stromstärke – сила тока
ампе́р	А	A
миллиампе́р	мА	mA
килоампе́р	кА	kA

Frequenz – частота
герц	Гц	Hz
килоге́рц	кГц	kHz
мегаге́рц	МГц	MHz

Leistung – мощность
ватт	Вт	W
килова́тт	кВт	kW

el. Spannung – эл. напряжение
вольт	В	V
киново́льт	кВ	kV

el. Widerstand – эл. сопротивление
ом	Ом	Ω
килоо́м	кОм	kΩ

5.4. Verpackung – Упаковка

упакова́ть/упако́вывать	verpacken
э́кспортная упако́вка	Exportverpackung
упако́ванный това́р	verpackte Ware
упако́вочные материа́лы	Verpackungsmaterialien
вид упако́вки	Verpackungsart
упако́вочный лист	Packliste
упако́вка для перево́зки мо́рем	seemäßige Verpackung
специа́льная упако́вка	Spezialverpackung
та́ра	1. (Transport-) Verpackung
	2. Tara, Verpackungsgewicht
па́чки	Schachteln, Päckchen
коро́бки	Kartons
паке́ты	Tüten, Beutel
деревя́нные я́щики, в я́щиках	Holzkisten, in Kisten
пали́тра, в пали́трах	Palette, auf Paletten
пали́тра в европе́йском вариа́нте	Europalette
обрешётка	Lattenverschlag
конте́йнер, в конте́йнерах	Container, in Containern
ваго́н	Waggon
в железнодоро́жных ваго́нах	im Eisenbahnwaggon
в закры́тых това́рных ваго́нах	im geschlossenen Güterwaggon
руло́н	Rolle, (Stoff-) Ballen
руло́нами	in Rollen, in Ballen
тюк, тюка́ми	Ballen, ballenweise
мешки́, в мешка́х	Säcke, in Säcken
стекля́нные ба́нки	Gläser, Glasballons
желе́зные ба́ки	(Metall-) Behälter, Boiler
консе́рвные ба́нки	Konservendosen
бо́чки, в бо́чках	Fässer, in Fässern
буты́лки, в буты́лках	Flaschen, in Flaschen
фля́ги, флако́ны	kleine Flasche, Flacon

5.5. Transport- und Lieferbedingungen – Условия транспорта и поставки

тра́нспорт	Transport
тра́нспортное аге́нтство	Spedition
тра́нспортные расхо́ды	Transportkosten
фрахт	Fracht
груз	Last, Gut
вес-бру́тто/не́тто	Gewicht Brutto/Netto
перевози́ть	befördern, transportieren
перево́зка гру́зов	Gütertransport
доста́вка гру́зов	Anlieferung der Güter

(грузо)отправи́тель	Absender einer Sendung
ме́сто отправле́ния	Versandort
отгрузи́ть, отгру́зка	versenden, Versand
порт отгру́зки	Verladehafen
адреса́т, (грузо)получа́тель	Adressat, Empfänger
адреса́нт	Absender
ме́сто (пункт) назначе́ния	Bestimmungsort
сдать/сдава́ть това́р	Ware aufgeben, verschicken
приня́ть/принима́ть това́р	Ware empfangen, entgegennehmen
приёмно-сда́точный акт	Übergabe-Übernahme-Akt
тра́нспортные докуме́нты	Transportpapiere
упако́вочный лист	Packliste
специфика́ция	Stückliste
накладна́я	Frachtbrief
железнодоро́жная накладна́я № ...	Eisenbahnfrachtbrief Nr. ...
коносаме́нт	Konnossement
дублика́т, ко́пия	Duplikat, Kopie
гаранти́йное письмо́	Garantiebrief
железнодоро́жные перево́зки	Transport per Schiene
автомоби́льные перево́зки	LKW-Transport
во́дные перево́зки	Schiffstransport
возду́шные перево́зки	Luftfracht
усло́вие, усло́вия	Bedingung, Bedingungen
поста́вка	Lieferung
поста́вить *(+ Akk.)*	liefern
/о́бщие/ усло́вия поста́вки	/allgemeine/ Lieferbedingungen
перево́зка това́ров осуществля́ется	der Warentransport wird realisiert
това́р перево́зится	die Ware wird transportiert
поста́вка должна́ быть осуществлена́	die Lieferung soll realisiert werden
морски́м путём	über den Seeweg
грузовы́м автотра́нспортом	per LKW
рефрижера́тором	per Kühlschiff
на грузово́м су́дне	per Frachter
свои́м тра́нспортом	mit eigenen Transportmitteln
тра́нспортными сре́дствами покупа́теля	mit den Transportkapazitäten des Käufers
в октябре́ с. г.	im Oktober dieses Jahres
в 15 конте́йнерах	in 15 Containern
на усло́виях фоб / фас / сиф	fob / fas / cif
Су́дно соверша́ет ча́ртерный рейс (идёт ча́ртерным ре́йсом).	Das Schiff fährt unter Chartervertrag.

Wichtige Lieferbedingungen per Schiff –
Основные условия поставки судном

fas: free alongside ship (Frei Längsseite Schiff)	**фас:** фра́нко вдоль су́дна
fob: free on board (Frei an Bord)	**фоб:** фра́нко борт су́дна
c&f: cost and freight (Kosten und Fracht)	**каф:** сто́имость и фрахт
cif: cost, insurance, freight (Kosten, Versicherung und Fracht)	**сиф:** сто́имость това́ра, страхова́ние и фрахт

Achtung!
Die verbreitetetste Art der Warenlieferung per Schiff stellen die Bedingungen fas und cif dar.
(Vgl. auch Literaturverzeichnis: [4], S. 274-275; [8], S. 23-43; [15], S. 108.)

Lieferbedingungen für andere Transportarten –
Условия поставки другими видами транспортных средств

фра́нко	franco (frachtfrei)
фра́нко-ваго́н + Angabe der Grenze/ Grenzstation	franco Waggon
фра́нко-автомоби́ль + Angabe der Grenze und des Grenzüberganges	franco LKW (free on truck)
фра́нко-аэропо́рт + Angabe des Bestimmungsflughafens	franco Flughafen
фра́нко-тамо́женный склад + Angabe des Bestimmungszollagers	franco Zollager
фра́нко-стенд + Angabe des Messestandes am Bestimmungsmessestandort	franco Messestand
фра́нко-заво́д + Angabe des Bestimmungswerkes	franco Werk
Усло́вия поста́вки ука́заны в прилага́емом образце́ контра́кта.	Die Lieferbedingungen sind in dem beiliegenden Mustervertrag ausgewiesen.
Усло́вия поста́вки прилага́ются.	Die Lieferbedingungen sind beigefügt.
(Все) остальны́е усло́вия – (Все) про́чие усло́вия – по договорённости в соотве́тствии с (+ Inst.) в соотве́тствии с о́бщими усло́виями поста́вки, составля́ющими неотъе́млемую часть догово́ра. согла́сно (+ Dat.) согла́сно о́бщим усло́виям прода́жи, кото́рые при э́том прилага́ются.	(Alle) übrigen Bedingungen – (Alle) anderen Bedingungen – nach Vereinbarung in Übereinstimmung mit in Übereinstimmung mit den allgemeinen Lieferbedingungen, die einen untrennbaren Bestandteil des Vertrages darstellen. entsprechend entsprechend den allgemeinen Verkaufsbedingungen, die diesem Schreiben beiliegen.

страхова́ние	Versicherung, Versichern
страхо́вка	die Versicherung
застрахова́ть това́р	die Ware versichern
грани́ца	Grenze
пограни́чная ста́нция	Grenzstation
тамо́жня	Zollamt
тамо́женная ста́нция	Zollstation
тамо́женный склад	Zollager
тамо́женная деклара́ция	Zolldeklaration
и́мпортная лице́нзия	Einfuhrgenehmigung
э́кспортная лице́нзия	Ausfuhrlizenz
по́шлина	Zoll(gebühr)
опла́чивать по́шлину	verzollen, Zollgebühren bezahlen
облага́ть по́шлиной	verzollen, Zollgebühren erheben
не облага́емый по́шлиной това́р	zollfreie Ware
транзи́т/транзи́том	Transit/per Transit

5.6. Lieferfristen – Сроки поставки

1

Това́р	поставля́ется бу́дет поставля́ться /бу́дет поста́влен/ мо́жет быть поста́влен до́лжен быть поста́влен бу́дет отгружа́ться /бу́дет отгру́жен/	Die Ware	wird geliefert wird geliefert werden /wird geliefert/ kann geliefert werden soll geliefert werden wird verladen /wird verladen werden/

Поста́вка (това́ра) бу́дет произведена́/осуществлена́
Поста́вка должна́ быть произведена́/осуществлена́
Мы мо́жем поста́вить това́р
С поста́вкой

Die Lieferung /der Ware/ erfolgt/ wird realisiert
Die Lieferung soll erfolgen/ soll realisiert werden
Wir können die Ware liefern
Mit Lieferung

2/3

1

2

ежеме́сячно ра́вными па́ртиями
(приблизи́тельно/приме́рно) ра́вными ме́сячными па́ртиями
двумя́ ра́вными па́ртиями
на усло́виях фоб порт С.-Петербу́рг

monatlich in gleichen Mengen
zu (ca./ungefähr) gleichen monatlichen Teillieferungen
zu zwei gleichen Partien
fob Hafen St. Petersburg

1

3

22 áвгуста ... г.	am 22.August ...
в I (II, III, IV) квартáле ... г.	im I. (II., III., IV.) Quartal ...
в 3, 4 квартáлах текýщего гóда.	im 3., 4. Quartal des laufenden Jahres.
в мáе и сентябрé с. г.	im Mai und im September d. J.
в течéние ... г.	im Laufe des Jahres ...
в течéние января и февраля с. г.	im Laufe des Januars und Februars d. J.
в течéние I (II, III, IV) квартáла.	im Laufe des I. (II., III., IV.) Quartals.
не позднéе концá текýщего гóда.	spätestens bis Jahresende.

Срóки постáвки:
поквартáльно
поквартáльно 25 % годовóго колИчества
I, II, III, IV квартáл

Liefertermine:
quartalsweise
quartalsweise 25 % der Jahresmenge
I, II, III, IV Quartal

Срок постáвки:
в укáзанные в Вáшем запрóсе срóки

в укáзанный в Вáшем запрóсе срок

со дня вЫдачи закáза
по договорённости

Liefertermin:
zu den in Ihrer Anfrage angegebenen Terminen

zu dem in Ihrer Anfrage angegebenen Termin

vom Tag der Auftragserteilung an
nach Vereinbarung

Срок постáвки –
3 мéсяца со дня получéния закáза
9 рабóчих недéль со дня
   получéния закáза
2 мéсяца со дня открЫтия аккредитИва

Liefertermin –
3 Monate nach Eingang der Bestellung
9 Arbeitswochen nach Erhalt
   der Bestellung
2 Monate nach Eröffnung des
   Akkreditivs

срóки
корóткие срóки постáвки
кратчáйший срок
крáйний срок
годИчный срок
мéсячный срок
льгóтный срок
гарантИйный срок
срок хранéния
срóчная постáвка
с немéдленной постáвкой

Fristen
kurze Lieferfristen
die kürzeste Frist
die äußerste Frist
die Jahresfrist
die Monatsfrist
die Sonderfrist
die Garantiefrist
die Lagerfrist
unverzügliche Lieferung
mit sofortiger Lieferung

Часть поста́вки перено́сится на пе́рвый кварта́л сле́дующего го́да.

Ein Teil der Lieferung wird auf das 1. Quartal des nächsten Jahres verschoben.

Высыла́ем Вам протоко́л измене́ния сро́ка поста́вки.

Wir senden Ihnen das Protokoll über die Lieferfristenänderung.

5.7. Preise – Цены

прейскура́нт (цен)	Preisliste
цена́ по прейскура́нту	Listenpreis
хоро́шая и вы́годная цена́	ein guter und günstiger Preis
конкурентоспосо́бная цена́	ein konkurrenzfähiger Preis
но́вые це́ны	neue Preise
прошлого́дние це́ны	Vorjahrespreise
кра́йняя цена́	Mindestpreis
наивы́сшая (максима́льная, преде́льная) цена́	Höchstpreis

це́ны поднима́ются — die Preise ziehen an
поднима́ющиеся це́ны — anziehende Preise
це́ны повы́сятся — die Preise werden steigen
повы́шенные це́ны — gestiegene Preise
це́ны стаби́льные — die Preise sind stabil
стаби́льные це́ны — stabile Preise
це́ны расхо́дятся — die Preise divergieren
отклоня́ющиеся це́ны — abweichende Preise
це́ны снижа́ются — die Preise sinken
сни́женные це́ны — gesunkene, ermäßigte Preise
це́ны па́дают — die Preise fallen
па́дающие це́ны — fallende Preise

продава́ть, предлага́ть — verkaufen, anbieten
   по цене́ про́бной па́ртии — zum Preis der Musterpartie
   по цене́ ни́же ры́ночной — unter dem Marktpreis
   по о́чень ни́зкой цене́ — zu äußerst niedrigem Preis
   на о́чень вы́годных усло́виях — zu sehr günstigen Bedingungen
   по льго́тной цене́ — zu einem Sonderpreis
   по сни́женной цене́ — zu ermäßigtem Preis
   со специа́льной ски́дкой — mit einem Sonderrabatt

устано́вленная на́ми цена́ — der von uns festgelegte Preis
на́званная Ва́ми цена́ — der von Ihnen genannte Preis
сравни́ть це́ны — die Preise vergleichen
бо́лее вы́годные це́ны други́х фирм — günstigere Preise der Konkurrenz
пересмотре́ть це́ны — die Preise neu festlegen
це́ны остаю́тся без измене́ния — die Preise bleiben unverändert
це́ны повы́сились на ... % — die Preise erhöhten sich auf ... %

цены увеличились более чем на ... процент (-а, -ов)	die Preise erhöhten sich um mehr als ... %
сойтись в цене	im Preis einigen
предоставить скидку на 3 %	einen Rabatt von 3% gewähren
скидка за количество	Mengenrabatt
скидка при уплате наличными	Barzahlungsrabatt
сконто	Skonto

Preisangabe:

Цена: Руб. ... (прописью) за ... франко-вагон граница ...	Preis: Rub. ... (in Worten) für ... franco Waggon Grenze ...
Цена: DM ... (прописью) за ...	Preis: DM ... (in Worten) für ...
Цена - $ ... (прописью) за ...	Preis - $ ... (in Worten) für ...
Цена составляет $ США 300.000 (триста тысяч).	Der Preis beträgt 300 000 US $ (dreihunderttausend).
Цена за штуку составляет DM 69,00 (шестьдесят девять).	Der Stückpreis beläuft sich auf 69,00 DM (neunundsechzig).
Общая стоимость всей партии ... составляет руб. 10.000.000 (десять миллионов).	Die Gesamtsumme der Lieferung ... beträgt 10 000 000 (zehn Millionen) Rub.

рубль	(der) Rubel	доллар	(der) Dollar	марка	(die) Mark
рубли	(die) Rubel	доллары	(die) Dollar	марки	Mark
руб.	**Rub.**	**$, долл.**	**$**	**DM**	**DM**
		американские доллары Amerikanische Dollar доллары США US Dollar		немецкие марки Deutsche Mark марки ФРГ „Mark der BRD"	

свободно конвертируемая валюта (СКВ)	frei konvertierbare Währung
иностранная валюта	ausländische Währung
девизы	Devisen

Цена понимается/Цены понимаются	Der Preis versteht sich /Die Preise verstehen sich
франко-вагон	franco Waggon
пограничная станция Брест	Grenzstation Brest
литовская граница	litauische Grenze
граница ФРГ	Grenze der BRD
таможенный склад Лейпциг	Zollager Leipzig
франко-аэропорт Борисполь	franco Airport Borispol
фас порт Гамбург	fas Hamburg
фоб порт С.-Петербург	fob St. Petersburg
сиф порт Росток	cif Rostock
включая стоимость экспортной упаковки	einschließlich der Kosten für die Exportverpackung

5.8. Zahlungsbedingungen – Условия платежа

плати́ть, заплати́ть	zahlen, bezahlen
опла́та, платёж	Zahlung
валю́та цены́[1]	Währung des Preises
валю́та платежа́[1]	Währung der Zahlung
фо́рма платежа́	Zahlungsform
срок платежа́	Zahlungsfrist
долг	Schuld
погаше́ние до́лга	Schuldbegleichung, Tilgung
нали́чные (де́ньги)	Bargeld
чек, че́ки	Scheck, Schecks
ве́ксель, векселя́	der Wechsel, die Wechsel
це́нные бума́ги	Wertpapiere
госуда́рственные за́ймы	Staatsanleihe

[1] Es kann im Kaufvertrag u.U. eine Divergenz zwischen der Festlegung zur Währung des Kaufpreises und der Währung, in der die tatsächliche Bezahlung erfolgt, geben. Es bedarf dann aber einer Festlegung zum Wechselkurs (курс обме́на).

Усло́вия платежа́:	Zahlungsbedingungen:
Платёж произво́дится	Die Zahlung erfolgt
Платёж до́лжен производи́ться	Die Zahlung soll erfolgen
Платёж до́лжен быть произведён	Die Zahlung soll erfolgen
Платёж осуществля́ется	Die Zahlung wird realisiert
инка́ссо	Inkasso
че́рез инка́ссо	durch Inkasso
посре́дством инка́ссо	durch, mittels Inkasso
в фо́рме инка́ссо	in der Form des Inkasso
инка́ссо с неме́дленной опла́той	Inkasso mit unverzüglicher Zahlung
инка́ссо с после́дующим акце́птом	Inkasso mit nachfolgendem Akzept
аккредити́в	Akkreditiv
акце́пт	Akzept
акце́пт-аккредити́в	Akzept-Akkreditiv
перево́д в банк	Banküberweisung
почто́вый перево́д	Postüberweisung
опла́та нали́чными	Barzahlung
Платёж произво́дится	Die Zahlung erfolgt
посре́дством безотзы́вного, подтверждённого и дели́мого аккредити́ва	durch unwiderrufliches, bestätigtes und teilbares Akkreditiv
посре́дством безотзы́вного и подтверждённого аккредити́ва	durch unwiderrufliches und bestätigtes Akkreditiv
нали́чными	bar, durch Barzahlung
путём перево́да	durch Überweisung

Платёж осуществля́ется по предъявле́нию (представле́нию)	Die Bezahlung erfolgt gegen Vorlage
Платёж осуществля́ется про́тив предъявле́ния (представле́ния)	Die Bezahlung erfolgt gegen Vorlage
отгру́зочных докуме́нтов, счёта.	der Versandpapiere, der Rechnung.
счёта и сертифика́та ка́чества.	der Rechnung und des Qualitätspasses.
грузовы́х докуме́нтов.	der Frachtpapiere.
сле́дующих докуме́нтов: ...	folgender Dokumente: ...
предопла́та	Vorauszahlung
зада́ток	Anzahlung
поку́пка за нали́чные	Kauf gegen Barzahlung
полунали́чная опла́та	Kauf mit anteiliger Barzahlung
поку́пка в креди́т	Kauf auf Kredit
безнали́чная опла́та	bargeldlose Zahlung
опла́та по вексе́лям	Zahlung per Wechsel
ба́ртерная сде́лка	Bartergeschäft
поруча́тельство по креди́ту Ге́рмес	Hermes-Kreditbürgschaft
сто́имость	Wert
Опла́та сто́имости прибо́ра произво́дится в до́лларах США.	Die Bezahlung des Wertes des Gerätes erfolgt in US-Dollar.
Опла́та произво́дится то́лько за компле́ктную поста́вку.	Die Bezahlung erfolgt nur bei vollständiger Lieferung.
На́ши обы́чные усло́вия: нали́чными без ски́док про́тив грузовы́х докуме́нтов.	Unsere allgemeinen Bedingungen: Barzahlung ohne Rabatt gegen Frachtpapiere.
Усло́вия платежа́ изло́жены в прилага́емом образце́ контра́кта.	Die Zahlungsbedingungen sind im beigefügten Mustervertrag ausgeführt.
В остально́м де́йствуют/ действи́тельны о́бщие усло́вия платежа́ на́ших контра́ктов.	Im übrigen gelten/sind gültig die allgemeinen Zahlungs- bedingungen unserer Verträge.
платёжеспосо́бность	Zahlungsfähigkeit, Bonität
кредитоспосо́бность	Kreditwürdigkeit
счёт, счета́	Rechnung, Rechnungen
специфици́рованный счёт	spezifizierte Rechnung
да́та счёта	Rechnungsdatum
но́мер счёта	Rechnungsnummer
согла́сно счёту № ...	laut Rechnung Nr. ...
напра́вить счёт	die Rechnung schicken
расчётный счёт в ба́нке	Verrechnungskonto bei der Bank
МФО	BLZ

6. Schlüssel zu den Übersetzungen und Telex-Texten

Nutzungshinweis: Die Schlüsseltexte dienen in erster Linie der selbständigen Kontrolle bei der Arbeit ohne Lehrkraft mit Übersetzungs- und Transkriptionsübungen in den Kapiteln 2-4. Die Schlüsseltexte können aber auch selbst als Material für Übungen im Rückübersetzen (Russisch-Deutsch) und im Rücktranskribieren verwendet werden. Dann bilden die Übungstexte in den Kapiteln 2-4 den Schlüssel zu diesen Übungen.

Kapitel 2.1.

Übung 2 (S. 16)
vneshnij, vozdushnyj, zaproshennyj, pravila polzovanija, pismo, zakazchik, schet, otgruzochnye dokumenty, sluchaj, strahovaja kompanija, specifikacija, chertezh, shtrafnye sankcii, ekspertiza, srochno, soobschat, zheleznodorozhnyj, cena za shtuku.

Übung 3 (S. 16)
vneshnii, vozdushnyi, zaproshennyi, pravila polzovaniia, sluchai, strahovaia kompaniia, specifikaciia, chertej, soobscat, jeleznodorojnyi.

Übung 4 (S. 16)
получатель письма, инструкция по эксплуатации, обращение, образец, отсрочка, почтовый ящик, техника, внешнеторговая организация, счёт, расход, лучше.

Übung 6 (S. 16)
ЭССЕН 231 649 РОТРОН
719 487 П/О ЭЛЕКТРА
936/5271
ВНИМ. ГН-А ВАЛЬТЕРА
К СОЖАЛЕНИЮ, МЫ НЕ ПОЛУЧИЛИ ОТВЕТ НА НАШ ЗАПРОС, КОТОРЫЙ МЫ ПОСЛАЛИ ВАМ ПИСЬМОМ ОТ 16 МАРТА С. Г. МЫ ОЧЕНЬ ПРОСИМ ВАС В КОРОТКИЙ СРОК ВЫСЛАТЬ НАМ ПРЕДЛОЖЕНИЕ.
С УВАЖЕНИЕМ
П/О ЭЛЕКТРА
ГРОМОВ

Übung 9 (S. 16)
a) SOOBSCAEM CHTO KONTRAKT N 9319 14 MARTA PEREDAN NA PODPIS VASHEMU GENERALNOMU AGENTU V MOSKVE G-NU VAGNERU
b) KONTRAKT N 9319 14 MARTA PEREDAN NA PODPIS GENERALNOMU AGENTU MOSKVE G-NU VAGNERU

Kapitel 4.1.

Übung 4 (S. 27)
a) SCHITAEM NEOBHODIMYM POSTAVIT VAS V IZVESTNOST CHTO MY NE V SOSTOIANII VYPOLNIT VASH ZAKAZ V SROK PROSIM OTSROCHKI DO KONCA KVARTALA
b) NE SOSTOIANII VYPOLNIT VASH ZAKAZ V SROK PROSIM OTSROCHKI KONCA KVARTALA

Übung 5 (S. 27)
a) В ответ на Ваше письмо от ... мы рады сообщить Вам, что г. Новиков передаст запрошенный сертификат качества о новом радиаторе.
b) Ссылаясь на наш телефонный разговор о встрече с нашим коммерческим директором г. Херман(ом), ставим Вас в известность, что г. Херман с 3 по 6 июня 199.. г. примет участие в международной выставке ИНТЕРЭНЕРГЕТИКА в Санкт-Петербурге.
c) Сообщаем Вам, что на нашей встрече с директором Вашей фирмы г. Сорокиным в Москве мы готовы обсудить вопросы поставки природного газа.

Kapitel 4.2.

Übung 4 (S. 31)
В соответствии с нашей договорённостью (мы) посылаем Вам в приложении запрошенный образец. Получение просим подтвердить.

Übung 5 (S. 31)
Übersetzung wie Übung 4, nur statt запрошенный образец nun:
запрошенный сертификат о происхождении
запрошенный сертификат качества
запрошенные правила пользования
запрошенную инструкцию по эксплуатации
запрошенную техническую документацию
запрошенную техническую характеристику

Kapitel 4.3.

Übung 3 (S. 34)
a) VASHE PISMO OT 12 DEKABRIA NAMI POLUCHENO PODTVERJDAEM UKAZANNYE V NEM SROKI POSTAVKI
b) PISMO 12 DEKABRIA POLUCHENO PODTVERJDAEM UKAZANNYE SROKI POSTAVKI

Übung 4 (S. 34)
a) Благодарим Вас за Ваше письмо от 5 июля с. г. и подтверждаем указанные в нём условия платежа.
b) Мы получили Ваше письмо от 12 августа. Подтверждаем предложенные в нём условия контракта с Вами.

Kapitel 4.4.

Übung 4 (S. 39)
a) OBRASCAEMSIA K VAM S PROSBOI PO VOZMOJNOSTI USKORIT POSTAVKI ZAPCHASTEI DLIA GENERATOROV KOTORYM GROZIT PROSTOI
b) OBRASCAEMSIA VAM PROSBOI USKORIT POSTAVKI ZAPCHASTEI GENERATOROV GROZIT PROSTOI

Übung 5 (S. 39)
a) С благодарностью подтверждаем получение Вашего каталога. Так как мы очень заинтересованы в Ваших изделиях, мы были бы весьма признательны Вам, если бы Вы прислали нам также новейший прейскурант. Не могли бы Вы сообщить нам также Ваши условия поставки.
b) Ссылаясь на Ваше письмо от ..., мы были бы весьма благодарны Вам, если бы Вы направили нам также образец Вашей новейшей модели.

Kapitel 4.5.

Übung 3 (S. 41)
POZVOLTE POBLAGODARIT VAS ZA GOSTEPRIIMSTVO OKAZANNOE NASHEI DELEGACII VO VREMIA EE PREBYVANIA V VASHEI STRANE

Übung 4 (S. 41)
a) С благодарностью подтверждаем получение почтовой посылки с новейшими каталогами. Мы Вам очень признательны за приложенный к ним прейскурант. Он очень облегчит работу нашего диспонента.
b) Мы получили Ваше письмо от ..., за которое Вас благодарим. Мы были бы весьма обязаны Вам, если бы в ближайшее время Вы сообщили нам о сроках поставки. Заранее благодарим Вас.
С уважением

Kapitel 4.7.

Übung 5 (S. 52/53)
a) О запросе на поставку ювелирных изделий
Уважаемые дамы и господа!
От нашего делового партнёра в С.-Петербурге мы узнали, что Ваша фирма торгует теперь и ювелирными изделиями. Мы были бы весьма признательны Вам, если бы Вы направили нам новейший каталог Вашего ассортимента ювелирных изделий с текущим прейскурантом. Просим Вас также сообщить нам условия поставки на экспорт из России.
Заранее благодарим Вас и остаёмся
с уважением

b) О запросе на поставку Крымского шампанского
Уважаемые господа!
После двухлетнего перерыва мы очень заинтересованы в возобновлении наших деловых отношений. Мы просим Вас сообщить нам, можете ли Вы поставить нам в III квартале с. г. 12 000 бутылок Крымского шампанского высшего качества. Просим Вас сделать нам предложение на сухое, полусухое и сладкое шампанское и указать условия поставки и платежа.
В ожидании Вашего предложения остаёмся
с уважением

Übung 6 (S. 53)
a) SOOBSCHITE POZHALUJSTA MOZHETE LI VY SDELAT NAM PREDLOZHENIE NA POSTAVKU 25 TAKIH PRESSOV S PROGRAMMNYM UPRAVLENIEM V SOOTVETSTVII S PRILOZHENNYMI TEHNICHESKIMI USLOVIJAMI UKAZAV VASHU MAKSIMALNUJU CENU USLOVIJA POSTAVKI I PLATEZHA
b) SOOBSCHITE PREDLOZHENIE POSTAVKU 25 TAKIH PRESSOV PROGRAMMNYM UPRAVLENIEM V SOOTVETSTVII PRILOZHENNYMI TEHNICHESKIMI USLOVIJAMI UKAZAV MAKSIMALNUJU CENU USLOVIJA POSTAVKI I PLATEZHA

Kapitel 4.8.

Übung 3 (S. 63)
S BLAGODARNOSTJU PODTVERZHDAEM POLUCHENIE VASHEGO ZAPROSA OT 6 MAJA S. G. I SOOBSCHAEM CHTO MY MOZHEM POSTAVIT VAM 3 TYS PAR LAKIROVANNYH MUZHSKIH BOTINOK CHERNYH I TEMNO-SERYH RASCVETOK MARKI "KAZANOVA" CENA ... DM ZA PARU CENA PONIMAETSJA FRANKO-VAGON POGRANICHNAJA STANCIJA BREST VKLJUCHAJA STOIMOST EKSPORTNOJ UPAKOVKI UPAKOVKA: V KOROBKAH PO 100 KOROBOK V DEREVJANNYH JASCHIKAH

Übung 4 (S. 63)
a) В ответ на Ваш телекс от 26 апреля на поставку запчастей предлагаем Вам 1500 полных комплектов.
b) С благодарностью подтверждаем, что мы получили Ваш запрос от 13 мая. С удовольствием поставим Вам запрошенное количество микрофонов и делаем Вам твёрдое предложение со следующими условиями: ...
c) Подтверждаем с благодарностью получение Вашего запроса от 21 марта касательно поставки легковых машин марки "Лада" и сообщаем Вам, что мы можем сделать Вам только свободное предложение.

Kapitel 4.9.

Übung 2 (S. 71)
ZAKAZ Nr. 44/71
NA OSNOVANII VASHEGO PREDLOZHENIJA OT 10 AVGUSTA 199. G. NAPRAVL-
JAEM VAM ZAKAZ PREDMET ZAKAZA: 18 KOMPLEKTOV HIRURGICHESKIH
INSTRUMENTOV MARKI "ELEMENTA" SOGLASNO VASHEMU KATALOGU NA
199... G. CENA: DM 12 000 (DVENADCAT TYSJACH) ZA ODIN KOMPLEKT CENA
PONIMAETSJA FRANKO-AEROPORT MOSKVA-SHEREMETEVO VKLJUCHAJA
STOIMOST EKSPORTNOJ UPAKOVKI OBSCHAJA STOIMOST VSEJ PARTII DM
216 000 (DVESTI SHESTNADCAT TYSJACH) SROKI POSTAVKI: KOMPLEKTY
DOLZHNY BYT POSTAVLENY V TECHENIE IV KVARTALA 199. G. DVUMJA
RAVNYMI PARTIJAMI USLOVIJA PLATEZHA: PLATEZH PROIZVODITSJA POS-
REDSTVOM BEZOTZYVNOGO I PODTVERZHDENNOGO AKKREDITIVA PROTIV
SCHETA I TRANSPORTNYH DOKUMENTOV VO VSEM OSTALNOM DEJSTVUJUT
OBSCHIE USLOVIJA POSTAVOK
PRODAVEC   POKUPATEL

Übung 7 (S. 71/72)
Заказ 123/95
Уважаемые дамы и господа!
Благодарим Вас за Ваше предложение от 12 февраля с. г. и при этом заказываем Вам на основании Вашего предложения:
Предмет заказа: один полный комплект оборудования для тропической упаковки мукомольных продуктов типа AQ 56.
Цена: DM 140 000. Цена понимается фоб порт Росток включая стоимость морской упаковки.
Срок поставки: поставка оборудования должна быть произведена в январе 199... года.
Условия платежа: платёж производится посредством безотзывного и подтверж-дённого аккредитива против предъявления отгрузочных документов и счёта.
Все другие условия - в соответствии с общими условиями поставки.
Просим Вас о незамедлительном подтверждении принятия заказа к его исполнению.
С уважением

Kapitel 4.10.

Übung 2 (S. 84)
MY KRAJNE UDIVLENY VASHIM PISMOM OT 31 AVGUSTA 199. G. V KOTOROM
VY SOOBSCHAETE CHTO VAM NE UDALOS SVOEVREMENNO OTGRUZIT 15 000
T PSHENICY KAK UKAZANO V DOGOVORE MY NE MOZHEM SOGLASITSJA S
VASHEJ SSYLKOJ NA OTSUTSTVIE TONNAZHA I KATEGORICHESKI NASTAI-
VAEM NA NEMEDLENNOJ OTGRUZKE PSHENICY V KOTOROJ MY OCHEN NUZ-
HDAEMSJA POSTAVLENNAJA VAMI PSHENICA PREDNAZNACHENA DLJA
NASELENNYH PUNKTOV SEVERA POETOMU SRAZU POSLE EE PRIBYTIJA V
PETERBURG PREDUSMOTRENA EE PEREGRUZKA NA RECHNYE SUDA TAK

KAK ETOT PUT VOZMOZHEN LISH DO ZAMERZANIJA VNUTRENNIH VOD POSLE ZAMERZANIJA VOD OSTAETSJA TOLKO TRANSPORTIROVKA AVTOTRANSPORTOM ILI V KRAJNEM SLUCHAE VOZDUSHNYM PUTEM V SLUCHAE ZNACHITELNOJ PROSROCHKI V POSTAVKE TOVARA VY OBJAZANY KOMPENSIROVAT SVJAZANNYE S ETIM RASHODY NASHIH KOMITENTOV

Übung 6 (S. 84)
Несмотря на то, что срок поставки пшеницы истёк десятый день тому назад, мы до сих пор не имеем от Вас никаких сведений об отгрузке товара.

Kapitel 4.11.

Übung 2 (S. 90)
SOOBSCHAEM VAM CHTO KOLICHESTVO RULONOV UPAKOVOCHNOJ BUMAGI OTGRUZHENNYH VAMI 25 AVGUSTA S. G. V KONTEJNERYAH V SCHET KONTRAKTA N 15-34/3996 NE SOOTVETSTVUET KONTRAKTU PRI PRIEMKE TOVARA BYLA OBNARUZHENA NEDOSTACHA 6 RULONOV V ISPRAVNOM KONTEJNERE N 52091 ZA ISPRAVNYMI PLOMBAMI PROSIM VAS SO SLEDUJUSCHEJ PARTIEJ DOPOSTAVIT NEDOSTAJUSCHEE KOLICHESTVO RULONOV ILI PEREVESTI EGO STOIMOST NA NASH RASCHETNYJ SCHET PROSIM SOOBSCHIT NAM O VASHEM RESHENII

Übung 3 (S. 90)
О недостаче в поставке по железнодорожной накладной № 27491
Уважаемые господа!
К сожалению, мы должны сообщить Вам, что при приёмке последней партии целлюлозы в вагоне № 1298551 был обнаружен недовес в 6 т. Так как вагон был исправным, с пломбами станции отправителя, мы считаем, что недостача произошла по вине продавца. Прилагаем к письму коммерческий акт № 12-07-93/473. На основании вышеизложенного настоятельно просим Вас допоставить недостающий товар или перевести его стоимость на наш расчётный счёт. Просим Вас как можно скорее сообщить нам о Вашем решении.
С уважением
Приложение: 1. Железнодорожная накладная № 27491
                2. Коммерческий акт № 12-07-93/473

Kapitel 4.12.

Übung 3 (S. 97)
NASHI SPECIALISTY KONSTATIROVALI VNESENIE VAMI RJADA IZMENENIJ V KONSTRUKCII ETIH PRESSOV BEZ SOGLASOVANIJA S NAMI PRI ETIH OBSTOJATELSTVAH MY K SOZHALENIJU LISHENY VOZMOZHNOSTI ISPOLZOVAT ETI MASHINY NA NASHEM ZAVODE I DOLZHNY OTPRAVIT IH OBRATNO S OTNESENIEM VSEH RASHODOV PO IH VOZVRATU NA VASH SCHET VZAMEN NEKONDICIONNYH PRESSOV MY PROSIM OTPRAVIT NAM PRESSY V SOOTVETSTVII S NASHIMI KONDICIJAMI V DRUGOM SLUCHAE MY VYNUZHDENY

OTKAZATSJA OT KONTRAKTA
Übung 4 (S. 97)
К сожалению, мы должны сообщить Вам, что мы крайне недовольны выполнением своего заказа № 04-51/333 от 23 июля с. г. Вы поставили партию не только с опозданием на две недели, но поставленный товар оказался более низкого качества, чем качество, оговоренное при заключении договора. Мы можем принять товар только при условии, если Вы значительно снизите цену.

Kapitel 4.13.

Übung 2 (S. 100)
MY BYLI UDIVLENY POLUCHIV VASH SCHET-FAKTURU V VASHEM PISME OT 12 IJULIJA S. G. VY SOGLASILIS VZJAT NA SEBJA DOPOLNITELNYE RASHODY PO HRANENIJU TOVARA NA BONDOVOM SKLADE KROME TOGO V SUMME K PLATEZHU NE UCHTENA SKIDKA NA PROBNUJU PARTIJU MY NE OPLATIM VASH SCHET DO POLUCHENIJA RASJASNENIJA PO ETIM RASHOZHDENIJAM V SUMME
S UVAZHENIEM

Übung 4 (S. 100)
Мы очень удивлены, что поштучная цена в Вашем счёте-фактуре не соответствует цене, установленной в контракте. Вы не проинформировали нас об этом. Мы были бы готовы принять товар только при условии, если Вы предоставите нам скидку за количество в 3%.

Kapitel 4.14.

Übung 3 (S. 107)
После тщательной проверки Вашей рекламации мы убедились в том, что Ваши претензии обоснованы. Мы уже перевели сумму за возникший убыток на Ваш расчётный счёт.

7. Alphabetische Wortlisten

Das Wörterverzeichnis besteht aus einem russisch-deutschen und einem deutschrussischen Teil. Ausgehend von der im Buch vertretenen russischsprachigen Lexik enthält es den (vor allem) kaufmännisch-wirtschaftlichen Wortschatz, der insbesondere auch zur Semantisierung der angeführten Musterbriefe von Bedeutung ist. Dabei fanden gängige Abkürzungen ebenfalls ihren Niederschlag. Die Wörter sind streng alphabetisch geordnet.

Im Wörterverzeichnis wurde folgendes nicht aufgeführt:
− die Lexik des Kapitels 6 (Lösungsschlüssel),
− der Wortschatz aus dem Anhang in den Kapiteln 4.9. und 4.16.,
− die branchenspezifische Lexik.
Hier empfiehlt sich die Benutzung eines zweisprachigen Wörterbuches.

Im Wörterverzeichnis verwendete Abkürzungen:
Adv.   − Adverb
f.   − weiblich
m.   − männlich
n.   − sächlich
indekl.   − indeklinabel
(in Zus.) − in Zusammensetzungen
Sing.   − Singular
Pl.   − Plural
uv.   − unvollendeter Aspekt
v.   − vollendeter Aspekt
~   − dieses Zeichen steht für das angegebene Stichwort.

Bei Substantiven auf -ь erfolgt nach dem Komma die Angabe der Genitivform Singular und des Geschlechts.
Bei russischen Adjektiven erfolgt nach dem Komma die Angabe der weiblichen Singularform und der Pluralform im Nominativ.
Aspektpaare der russischen Verben sind in der Reihenfolge vollendeter/unvollendeter Aspekt angegeben.

7.1. Russisch - Deutsch

А

аварийный сертификат Unfallbescheinigung
авиагрузовой, -ая; -ые Luftfracht- *(in Zus.)*
автомобильная перевозка LKW-Transport
автонакладная Straßenverkehrsfrachtbrief
агент Vertreter
агентство Vertretung
адресант Absender
адресат Adressat
аккредитив Akkreditiv
акт испытаний Prüfzeugnis
акт приёмки Abnahmeprotokoll
акт сдачи-приёмки Übergabe-Übernahme-Protokoll
акцепт Bestätigung, Akzept
акционерное общество (а/о, ао) Aktiengesellschaft (AG)
аппаратура Apparatur(en)
арбитраж Schiedsgericht
ас. (ассоциация) Assoziation
ассортимент Sortiment
ассоциация (ас.)Vereinigung, Gesellschaft, Genossenschaft, Assoziation

Б

база Basis
бак Behälter
банк Bank
банка Glasgefäß
банкет Bankett
банковские реквизиты Bankverbindung
банковский, -ая; -ие Bank- *(in Zus.)*
бартерная сделка Bartergeschäft
безоговорочный, -ая; -ые uneingeschränkt
безотзывный, -ая; -ые unwiderruflich
беседовать *uv.* sprechen
благодарить *uv. (кого)* danken
благодарность, -и *f.* Dank, Dankbarkeit
благодарственное письмо Dankschreiben
благоприятный, -ая; -ые positiv
ближайший, -ая; -ие nächster
бочка Faß
брошюра Broschüre
бутылка Flasche
бухгалтер Buchhalter

В

в связи *(с чем)* im Zusammenhang (mit)
в срок fristgemäß
вагон Waggon
валюта Valuta, Währung
вариант Variante
ввести/вводить einführen
ввиду *(чего)* in Anbetracht (des ...)
ведомость, -и *f.* Liste
вежливость, -и *f.* Höflichkeit
вексель, -я *m.* Wechsel, Bankwechsel
вернуть *v.* zurücksenden
вес Gewicht
взаимный , -ая; -ые gegenseitig
взамен *(чего)* anstelle (von)
взглянуть/взглядывать anschauen
вид Art, Weise
вина Schuld
включить/включать einschließen, einbegriffen sein
владелец Eigentümer
внешнеторговая организация (В/О) Außenhandelsorganisation, -unternehmen
внешнеторговый, -ая; -ые Außenhandels- *(in Zus.)*
внешний, -яя; -ие äußerlich, Außen- *(in Zus.)*
внимание Aufmerksamkeit
внимательный, -ая; -ые; *Adv.* внимательно aufmerksam
В/О (внешнеторговая организация) Außenhandelsorganisation, -unternehmen
водная перевозка Schiffstransport
возврат Rückerstattung
возвратить/возвращать zurücksenden
воздушная перевозка Luftfracht
воздушный, -ая; -ые Luft- *(in Zus.)*
возместить/возмещать ersetzen
возмещение Ersatz, Entschädigung
возмещение убытков Schadensersatz
возможен, -жна; -жны möglich sein
возможность, -и *f.* Möglichkeit
возможный, -ая; -ые möglich
возникнуть/возникать erwachsen, entstehen
возражение Einwand
возраст Alter
войти/входить hineingehen

141

воспользоваться v. zu пользоваться (чем) benutzen
впредь künftig
вследствие (чего) folglich, infolge (von)
встретить/встречать treffen
встреча Treffen
вступительный, -ая; -ые einleitender
всякий, -ая; -ие jeglich
входящее письмо Eingangsbrief
выбор Auswahl
выбрать/выбирать auswählen
выгодный, -ая; -ые günstig
выдача Ausgabe, Herausgabe
выдержать/выдерживать (сроки) (Fristen) einhalten
вызвать/вызывать hervorrufen
вынужден, -а; -ы genötigt sein
выполнение Erfüllung, Ausführung
выполнить/выполнять erfüllen
выразить/выражать ausdrücken
выслать/высылать senden, schicken
высокий, -ая; -ие hoch
высококачественный, -ая; -ые hochwertig
высокопроизводительный, -ая; -ые hochproduktiv
высота Höhe
выставить/выставлять ausstellen
выставка Ausstellung, Messe
выставочный павильон Ausstellungspavillon
высший, -ая; -ие höchster
вышеизложенное oben dargelegtes
вышеуказанное oben angeführtes
выявить(ся)/выявлять(ся) (sich) erweisen

Г

г. (город) Stadt
г., г-н (господин) Herr
г-жа (госпожа) Frau
газ Gas
гамма Palette, Spektrum
гарантийное письмо Garantieschein
гарантировать v., uv. garantieren
гарантия Garantie, Garantieschein
генеральный, -ая; -ые Haupt-, General- (in Zus.)
главный, -ая; -ые Haupt- (in Zus.)
глубокий, -ая; -ие 1) tief 2) vorzüglich
годичный, -ая; -ые Jahres- (in Zus.)
город (г.) Stadt

господа Herren, auch: Damen und Herren
господин (г., г-н) Herr
госпожа (г-жа) Frau
государственная граница Staatsgrenze
готов, -а; -ы bereit sein
готовность, -и f. Bereitstellung
граница Grenze
груз Last, Gut, Ladung
грузовое судно Frachtschiff
грузовой автотранспорт LKW-Transport
группа Gruppe

Д

д. (дом) Haus, Hausnummer
давно Adv. längst
данные Angaben
дата Datum
двусторонний, -яя; -ие zweiseitig
девизы Devisen
действенный, -ая; -ые wirksam
действовать uv. zu подействовать gelten
действующий, -ая; -ие gültig
делегация Delegation
делимый, -ая; -ые teilbar
дело 1) Sache 2) Geschäft, Deal
деловой, -ая; -ые Geschäfts- (in Zus.)
демонстрация Vorführung
деньги Pl. Geld
деревянный, -ая; -ые Holz- (in Zus.)
деталь, -и f. Detail, Einzelheit
детский, -ая; -ие Kinder- (in Zus.)
дефект Fehler
дефектный, -ая; -ые fehlerhaft
деятельность, -и f. Tätigkeit, Geschäftstätigkeit
директор Direktor
длина Länge
длительный, -ая; -ые lang(jährig)
доверенность, -и f. Vollmacht
довести/доводить (hin)führen
доволен, довольна; довольны (чем) zufrieden sein
договор Vertrag
договор купли-продажи Kaufvertrag
договорённость, -и f. Absprache
доказательство Beweis
документация Beschreibung
документы Papiere, Dokumente
долг (Geld-)Schuld

должен, должна; должны müssen
должный, -ая; -ые gebührend
дом (д.) Haus, Hausnummer
дополнение Ergänzung
дополнительный, -ая; -ые zusätzlich
допустить/допускать zulassen
доставка Anlieferung
дочернее общество Tochtergesellschaft
дубликат Duplikat, Kopie

Е

европейский, -ая; -ие europäisch
единицы измерения Maßeinheiten
ежедневный, -ая; -ые täglich
ежемесячный, -ая; -ые; *Adv.* ежемесячно monatlich

Ж

жалоба Beschwerde
желание Wunsch
желательно (es ist) wünschenswert
железнодорожная перевозка Schienentransport
железнодорожный, -ая; -ые Eisenbahn- *(in Zus.)*
женский, -ая; -ие Damen- *(in Zus.)*
жидкость, -и *f.* Flüssigkeit

З

заверить/заверять *(кого в чём)* versichern (versprechen)
завод Werk, Betrieb
завысить/завышать überhöhen
завышенный, -ая; -ые überhöht
заголовок Überschrift, Kopf(text)
заголовок к тексту Betreffzeile
заголовок письма Briefkopf
задаток Anzahlung
задержка Verzögerung
заинтересовать *v.* interessieren
займы Anleihe
заказ Bestellung, Auftrag
заказать/заказывать bestellen
заказное письмо Einschreibebrief
заказчик Auftraggeber, Besteller

заключительная формула вежливости Schlußformel
заключительный, -ая; -ые abschließend
заключить/заключать abschließen
закрытый, -ая; -ые geschlossen
залежалый, -ая; -ые überlagert
заменить/заменять austauschen
запасные части (запчасти) Ersatzteile
запланировать *v. zu* планировать planen
заплатить *v. zu* платить bezahlen
запрос Anfrage
запрошенный, -ая; -ые erbeten, bestellt, verlangt
заранее im voraus
засвидетельствовать *v. zu* свидетельствовать *(что; о чём)* bezeugen
заставка телефакса Telefaxkopfleiste
застраховать *v. zu* страховать *(что; кого)* versichern (Versicherung abschließen)
заявить/заявлять melden
звонить *uv. zu* позвонить *(кому)* anrufen
здание Haus
запчасти, инструменты и принадлежности (ЗИП) Ersatzteile, Werkzeuge und Zubehör, (EWZ)
знакомство Bekanntschaft
знание Kenntnis
значительный, -ая; -ые bedeutend

И

известность, -и *f.* Kenntnis
известить/извещать mitteilen
извинить/извинять entschuldigen
изготовитель, -я *m.* Hersteller
издательство Verlag
изделие Erzeugnis
изложить/излагать (schriftlich) ausführen, darlegen
изменение Veränderung
изучение Untersuchung, Studium, Prüfung
изучить/изучать studieren, untersuchen, prüfen
иметь *uv.* haben
импорт Import, Einfuhr
импортная лицензия Einfuhrgenehmigung
индекс Kennzahl, Index, Nummer
индекс предприятия связи Postleitzahl, PLZ
инициативное предложение unverlangtes Angebot

инкассо *n., indekl.* Inkasso
иностранный, -ая; -ые ausländisch
инструкция Anweisung, Instruktion
инструкция по монтажу Montageanleitung
инструкция по техническому обслуживанию Wartungsvorschrift
инструкция по эксплуатации Bedienungsanleitung
инструменты *Pl.* Werkzeug
интенсивный, -ая; -ые; *Adv.* интенсивно intensiv
интервью *n., indekl.* Interview
интересовать *uv.* interessieren
интересующий, -ая; -ие interessierender
информация Information
информировать *v., uv.; v. auch* проинформировать informieren
исключение Ausnahme
испорченный, -ая; -ые verdorben
исполнение Erfüllung, Ausführung
использование Gebrauch, Nutzung
использовать *v., uv.* verwenden, gebrauchen
исправный, -ая; -ые unversehrt, intakt
испытание Test
истечь/истекать erlöschen
источник Quelle
исходящее письмо Ausgangsbrief

К

к сожалению leider
картель, -я *m.* Kartell
касательно *(чего)* bezüglich
касаться *uv. zu* коснуться *(чего)* berühren, betreffen
каталог Katalog
категорический, -ая; -ие; *Adv.* категорически entschieden
каф (стоимость и фрахт) c&f (cost and freight, Kosten und Fracht)
качественный, -ая; -ые Qualitäts- *(in Zus.)*
качество Güte, Qualität
квартал Quartal
Ко (компания) Kompagnie
КО (коммандитное общество) Kommanditgesellschaft
коктейль, -я *m.* Cocktailempfang
количество Anzahl, Menge, Quantität
коллекция Kollektion

комб. (комбинат) Kombinat
комиссионер Kommissionär
комитент Kunde, Kommittent
коммандитное общество (КО) Kommanditgesellschaft (KG)
коммандитное товарищество Kommanditgesellschaft (KG)
коммерческий акт 1) Schadensprotokoll 2) Tatbestandsaufnahme 3) Mängelrüge
коммерческий директор Geschäftsführer, kaufmännischer Direktor
коммерческий, -ая; -ие Geschäfts- *(in Zus.)*, kaufmännisch
компания (Ко) Gesellschaft, Kompagnie, Unternehmen, Firma
компенсировать *v., uv.* kompensieren, ausgleichen
компл. (комплекс) Komplex
комплект Satz
комплектный, -ая; -ые vollständig
комплектующий прибор Zusatzgerät
конверт Briefumschlag
кондиции Konditionen
конец, -нца Ende
конкретный, -ая; -ые konkret
конкурентоспособный, -ая; -ые konkurrenzfähig
коносамент Konnossement, Seefrachtbrief
конс. (консорциум) Konsortium
консалтинг Beratung, Consulting
консервная банка Konservendose
консорциум (конс.) Konsortium
констатировать *v., uv.* feststellen
конструкция Konstruktion
контакт Kontakt
контейнер Container
контракт Vertrag
контроль, -я *m.* Kontrolle
контрпредложение Gegenangebot
конфиденциальность, -и *f.* Vertraulichkeit
конфиденциальный, -ая; -ые; *Adv.* конфиденциально vertraulich
концерн Konzern
кооп. (кооператив) Kooperative, Genossenschaft
копия Kopie, Duplikat
коробка Karton, Schachtel
короткий, -ая; -ие kurz
корп. (корпус) Wohnblock, Gebäudekomplex
коснуться *v. zu* касаться *(чего)* berühren, betreffen

крайний, -яя; -ие; Adv. крайне äußerst
кратчайший, -ая; -ие kürzester
кредит Kredit
кредит-нота Gutschrift
кредитоспособность, -и f. Kreditwürdigkeit
купля Kauf
курьер Kurier

Л

л.(лист) Blatt
лаборатория Labor
лист (л.) Blatt
литература Literatur
лицо Person
личное предприятие Einzelunternehmen
лишить/лишать (чего) entziehen
льготный, -ая; -ые Sonder-, Vorzugs- (in Zus.)
любезность, -и f. Freundlichkeit
любой, -ая; -ые beliebig

М

маклер Mittler, Makler
максимальный, -ая; -ые Höchst-, Maximal- (in Zus.)
малое (государственное) предприятие (МП) (staatliches) Kleinunternehmen
марка Marke
маркетинг Marketing
маркировка Markierung
материал Material
машина 1) Maschine 2) Auto
международный, -ая; -ые international
межфилиальный оборот Bankleitzahl, BLZ
мера 1) Maßnahme 2) Maß, Maßnahme, Vorkehrung
мероприятие Veranstaltung
местный, -ая; -ые örtlich
место Stelle, Platz, Ort
место печати (М.П.) Stempelvermerk
мешок Sack
мировой, -ая; -ые Welt- (in Zus.)
младший, -ая; -ие jüngster
мнение Meinung
модель, -и f. Modell
модный, -ая; -ые modisch
монтаж Montage

мочь (могу, можешь, могут) uv. zu смочь können
мощность, -и f. Leistung
М.П. (место печати) Stempelvermerk
МП (малое предприятие) Kleinunternehmen
МФО (межфилиальный оборот) Bankleitzahl (BLZ)

Н

наб. (набережная) Ufer(straße)
набор Auswahl
навести/наводить (справку) einziehen
надежда Hoffnung
надеяться uv. hoffen
надёжный, -ая; -ые zuverlässig, solide
назвать/называть nennen
назначение Bestimmung
назначенный, -ая; -ые festgesetzt
наименование Bezeichnung, Name, Benennung
наименование фирмы Firmenname
найти/находить finden
накладная Frachtbrief
наладка Einrichten
наличие Vorhandensein
наличные Pl. Bargeld
намерение Vorhaben
нанести/наносить anbringen
направить/направлять schicken
направление Versenden
напряжение Spannung
нарушение Verstoß
настоятельный, -ая; -ые; Adv. настоятельно nachdrücklich, dringend
настоящий, -ая; -ие vorliegend
настоящим hiermit
недавно Adv. unlängst
недвижимость, -и f. (nur Sing.) Immobilie(n)
неделя Woche
недовес Untergewicht
недогруз Fehlmenge
недоплата Minderbezahlung
недостача Minderlieferung
недостающий, -ая; -ие fehlender
незапрошенный, -ая; -ые unverlangt
незатребованный, -ая; -ые unverlangt
неизвестный, -ая; -ые unbekannt
некачественный, -ая; -ые; Adv. некачественно mangelhaft

некомплектный, -ая; -ые; *Adv.* некомплектно unvollständig
некондиционный, -ая; -ые nicht entsprechend
немедленный, - ая; -ые; *Adv.* немедленно unverzüglich
не облагаемый пошлиной товар zollfreie Ware
необходимо, -а; -ы notwendig
неотъемлемый, -ая; -ые untrennbar
непосредственный, -ая; -ые; *Adv.* непосредственно direkt
непригодный, -ая; -ые; *Adv.* непригодно untauglich, ungeeignet
неприятный, -ая; -ые; *Adv.* неприятно unerfreulich
неравномерный, -ая; -ые; *Adv.* неравномерно ungleichmäßig
несмотря на то, что ... ungeachtet dessen, daß ...
неудобство Unannehmlichkeit
ниже (weiter) unten
низкий, -ая; -ие niedrig, minderwertig
номер Nummer
нуждаться *uv. (в чём)* benötigen

О

о-во, об-во (общество) Gesellschaft
о. (объединение) Vereinigung
обеспечить/обеспечивать 1) гарантировать, gewährleisten 2) аусрюстен, ausstatten
обладать *uv. (чем)* besitzen
область, -и *f.* Gebiet
облегчить/облегчать erleichtern
обложить/облагать пошлиной verzollen
обнаружить/обнаруживать bemerken, entdecken
оборот Wendung
оборудование Ausrüstung, Anlage
обосновать/обосновывать begründen
образ Art, Weise
образец Muster
обратить/обращать внимание *(на что)* Aufmerksamkeit lenken
обратить(ся)/обращать(ся) (sich) wenden
обратно *Adv.* zurück
обращение Anrede
обрешётка Lattenverschlag
обстоятельство Umstand
обсудить/обсуждать erörtern

общество (о-во, об-во) Gesellschaft
общество гражданского кодекса Gesellschaft bürgerlichen Rechts, GbR
общество с ограниченной ответственностью (ООО) Gesellschaft mit beschränkter Haftung (GmbH)
общий, -ая; -ие allgemein
объединение (о.) Vereinigung, Gesellschaft
объединённые предприятия *Pl.* Holdinggesellschaft
объём Umfang, Volumen
объявление Anzeige
обычный, -ая; -ые üblich
обязан, -а; -ы verpflichtet sein (zu Dank)
обязательство Verbindlichkeit
однако jedoch
одновременный, -ая; -ые; *Adv.* одновременно gleichzeitig
ожидание Erwartung
ознакомить(ся)/ознакомлять(ся) *(с чем)* (sich) bekannt machen (mit)
оказать(ся)/оказывать(ся) (sich) erweisen
окончательный, -ая; -ые endgültig
ООО (общество с ограниченной ответственностью) GmbH (Gesellschaft mit beschränkter Haftung)
описание Beschreibung
оплата Zahlung
оплатить/оплачивать bezahlen
опоздание Verspätung
оправдать/оправдывать rechtfertigen
определить/определять feststellen
организатор Veranstalter
организация Unternehmen, Organisation
ориентировать *v., uv.* orientieren
осмотр Überprüfung, Besichtigung
основание Grund, Begründung
основываться *uv.* basieren
особенный, -ая; -ые; *Adv.* особенно besonders
остаёмся verbleiben wir
остальной, -ая; -ые übriger
остаться/оставаться bleiben, verbleiben
остаться/оставаться в силе gültig bleiben
осуществить(ся)/осуществлять(ся) (sich) vollziehen, realisieren
ответственность, -и *f.* Verantwortung
ответственный, -ая; -ые verantwortlich
отгрузить/отгружать verladen, versenden, abladen
отгрузка Verladen, Versand

отгрузочный, -ая; -ые Verlade-, Versand- *(in Zus.)*
отдельный, -ая; -ые gesondert, einzeln
отказать/отказывать abschlagen, verneinen
отклонение 1) Zurückweisung 2) Abweichung
отклониться/отклоняться abweichen
открытие Eröffnung, Öffnen
открытое общество offene Handelsgesellschaft (OHG)
отличный, -ая; -ые; *Adv.* отлично ausgezeichnet
отметка Vermerk
отметка о наличии приложения Anlagevermerk
отметка о направлении копий в другие адреса Verteilervermerk
отнесение Überweisen
относительно *(чего)* bezüglich
отнестись/относиться sich verhalten
отправитель, -я *m.* Absender
отправление Versand
отправить/отправлять absenden
отрицательный, -ая; -ые negativ
отсутствие Fehlen
оферта Angebot
офис Büro
официальный, -ая; -ые offiziell
оценка Wertung
очевидно offensichtlich
ошибка Fehler
ошибочный, -ая; -ые Fehl- *(in Zus.)*

П

п., пер. (переулок) Gasse
П/О (производственное объединение) Produktionsvereinigung
п/о (почтовое отделение) Postamt
п/я (почтовый ящик) Postfach
падать *uv. zu* упасть fallen
пакет Paket, Beutel, Tüte
палитра Palette (Verpackung)
пара Paar
партия Partie, Teillieferung
партнёр Partner
партнёрский, -ая; -ие Partner- *(in Zus.)*
пачка Schachtel
пеня Strafe (Geldstrafe)
перевод 1) Übersetzung 2) Überweisung
перевезти/перевозить transportieren, befördern
перевозка Transport
переговоры *Pl.* Verhandlung(en)
передать/передавать überbringen, übergeben
перенести/переносить verschieben
переулок (п., пер.) Gasse
период Zeitraum
печать, -и *f.* Stempel
письмо-благодарность Dankschreiben
письмо-предложение Angebotsschreiben
письмо-рекламация Reklamationsschreiben
пл.(площадь) Platz
планировать *uv. zu* запланировать planen
платёж Zahlung
платёжеспособность, -и *f.* Zahlungsfähigkeit
платёжные документы Zahlungspapiere
платить *uv. zu* заплатить, уплатить bezahlen
пломба Plombe
площадь, -и (пл.) *f.* 1) Fläche 2) Platz
поблагодарить *v. zu* благодарить *(кого)* danken
повод *(для чего)* Anlaß
повредить/повреждать beschädigen
повреждение Beschädigung
повреждённый, -ая; -ые beschädigt
повторить(ся)/повторять(ся) (sich) wiederholen
повысить(ся)/повышать(ся) (sich) erhöhen
повышение Erhöhung
повышенный, -ая; -ые erhöht
погашение Begleichung
погашение долга Tilgung
пограничная станция Grenzstation
под.(подъезд) Eingang
подвергнуть/подвергать unterwerfen
поддержка Unterstützung
подействовать *v. zu* действовать gelten
подняться/подниматься anziehen, sich erhöhen
подобный, -ая; -ые ähnlich
подойти/подходить geeignet sein
подписание Unterschreiben
подписать/подписывать unterschreiben
подпись, -и *f.* Unterschrift
подробный, -ая; -ые ausführlich
подтвердить/подтверждать bestätigen
подтверждение Bestätigung

подтверждённый, -ая; -ые bestätigt
подъезд (под.) Eingang, Auffahrt
позволить/позволять gestatten
позвольте gestatten Sie
позвонить v. zu звонить (кому) anrufen
поздний, -яя; -ие; Adv. поздно spät
позиция Position, Posten
поиск Suche
поквартальный, -ая; -ые; Adv. поквартально quartalsweise
поколение Generation
покупатель, -я m. Käufer
полагать uv. annehmen, meinen
полностью Adv. vollständig
полный, -ая; -ые voll(ständig)
положение Lage
положительный, -ая; -ые positiv
полуфабрикат Halbfabrikat
получатель, -я m. Empfänger
получение Anlieferung, Empfang
пользоваться uv. zu воспользоваться (чем) benutzen
пометка Vermerk
помощь, -и f. Hilfe
пониженный, -ая; -ые vermindert
понимание Verständnis
пора Zeit(raum)
порт Hafen
поручательство Bürgschaft
порядочность, -и f. Solidität
посетить/посещать besuchen
посещение Besuch
поскольку da, weil
послать/посылать senden, schicken
последний, -яя; -ие letzter
послепродажное обслуживание Serviceleistung
послужить v. zu служить dienen
посредник Mittler
посредством mittels
поставить/поставлять liefern
поставить v. zu ставить setzen, stellen, versetzen
поставка Lieferung
поставщик Lieferant
поступить/поступать eingehen, eintreffen
почтовая посылка Päckchen
почтовое отделение (п/о) Postamt
почтовый, -ая; -ые Post- (in Zus.), postalisch
почтовый адрес Postanschrift
почтовый индекс Postleitzahl, PLZ

почтовый ящик (п/я) Postfach
пошлина Zoll(gebühr)
пр., просп. (проспект) Prospekt
правила пользования Gebrauchsanweisung
правило Regel
правильный, -ая; -ые richtig
право Recht
правовой, -ая; -ые rechtlich
правовые формы Rechtsformen
предварительное уведомление Zwischenbescheid
предельный, -ая; -ые Grenz- (in Zus.)
предложение Angebot
предложенный, -ая; -ые vorgeschlagener
предложить/предлагать anbieten
предмет Gegenstand
предназначить/предназначать bestimmt sein (für)
предоплата Vorauszahlung
предоставление Vergabe
предоставить/предоставлять gewähren, zur Verfügung stellen
предположить/предполагать annehmen
предпр.(предприятие) Betrieb, Werk
предприниматель, -я m. Unternehmer
предприятие (предпр.) Betrieb, Werk, Unternehmen
предст.(представительство) Vertretung
представитель, -я m. Vertreter
представительство (предст.) Vertretung
представить(ся)/представлять(ся) (sich) vorstellen
представить/представлять (sich etwas) vorstellen
представление Vorlage, Vorweisen (von Dokumenten)
представленный, -ая; -ые vorgestellt
предстоящий, -ая; -ие bevorstehend
предусмотренный, -ая; -ые vorgesehen
предусмотреть/предусматривать vorsehen (für)
предъявление 1) Vorlage, Vorweisen (von Dokumenten) 2) Erheben (von Ansprüchen)
предыдущий, -ая; -ие vorausgegangener, vorangegangener
прейскурант Preisliste
препроводить/препровождать übersenden
пресс-конференция Pressekonferenz
претензия Anspruch
преувеличенный, -ая; -ые überhöht
при этом beiliegend

приблизительный, -ая; -ые; *Adv.* приблизительно ungefähr
прибор Gerät
прибыть/прибывать eintreffen
прибытие Eintreffen, Ankunft
привести/приводить *(к чему)* führen (zu etwas)
приглашение Einladung
приемлемый, -ая; -ые annehmbar
приём Empfang
приёмно-сдаточный акт Übergabe-Übernahme-Protokoll
приёмочный акт Übernahmeprotokoll
признание Anerkennung
признателен, -льна; -льны verbunden (sein)
приложить/прилагать beilegen
приложение Anlage
приложенный,-ая; -ые beigelegt
примерный, -ая; -ые; *Adv.* примерно ungefähr
принадлежать *uv.* gehören
принадлежности *Pl.* Zubehör
принять/принимать 1) ergreifen (Maßnahmen) 2) entgegennehmen, annehmen (Ware)
принятие Akzeptanz, Annahme
принять/принимать участие *(в чём)* teilnehmen (an)
прислать/присылать schicken (her-, zuschicken)
причинить/причинять zufügen
приятно angenehm; (нам) приятно wir freuen uns
пробный, -ая; -ые Probe- *(in Zus.)*
проведение Durchführung
проверка Prüfung
продавец Verkäufer
продажа Verkauf
продать/продавать verkaufen
продолжить/продолжать fortsetzen
продукт 1) Produkt 2) Lebensmittel
продукция Produktion
проезд Passage
производиться *uv.* erfolgen
производственное объединение (П/О) Produktionsvereinigung
проинформировать *v. zu* информировать informieren
промежуточный, -ая; -ые zwischenzeitlich
промышленность, -и *f.* Industrie
проспект (рекламный) Prospekt (Werbe-~)

просрочка платежа Zahlungsverzug
просрочка поставки Lieferverzug
просьба Bitte
протокол Protokoll
протокол испытаний Prüfzeugnis
процент Prozent
прошлогодний, -яя; -ие Vorjahres- *(in Zus.)*
прошлый, -ая; -ые voriger
пункт Ort
пустить/пускать lassen
путь, -и *m.* Weg

Р

р/с (расчётный счёт) Verrechnungskonto
равный, -ая; -ые gleich
рад, -а; -ы es freut mich (uns)
разговор Gespräch
различный, -ая; -ые verschieden
размер Größe (als Maßeinheit)
разместить/размещать unterbringen
разойтись/расходиться divergieren
разрешить/разрешать gestatten
разрешите gestatten Sie
разъяснение Aufklärung
распаковать/распаковывать auspacken
распланировать *v.* planen
распродать *v.* ausverkaufen
рассмотреть/рассматривать prüfen
расходные материалы Verbrauchsmaterialien
расходы Kosten, Ausgaben
расхождение Differenz
расцветка Farbe, Farbgebung
расчётный счёт (р/с) Konto (Verrechnungskonto)
расширить/расширять erweitern
результат Ergebnis
реклама Werbung
рекламация Reklamation
рекламировать *v., uv.* werben
рекламист Werbefachmann
рекламный, -ая; -ые Reklame-, Werbe- *(in Zus.)*
рекомендация Referenz
репутация Referenz, Reputation, Ruf, Firmenruf
ресторан Restaurant
референции Referenzen
речной порт Flußhafen

решение Entscheidung
риск Risiko
рисунок Zeichnung (Abbildung)
руководство 1) Führung, Leitung
  2) Anleitung, Instruktion
руководство по эксплуатации Gebrauchsanweisung
рулон 1) Ballen 2) Rolle
рынок Markt
рыночный, -ая; -ые Markt- *(in Zus.)*
ряд Reihe

С

с уважением hochachtungsvoll
сведение 1) Kenntnis 2) Nachricht
свежий, -ая; -ие frisch
свидетельствовать *uv. zu* засвидетельствовать *(о чём)* bezeugen
свободно конвертируемая валюта (СКВ) frei konvertierbare Währung
свободный, -ая; -ые frei, freibleibend
своевременный, -ая; -ые rechtzeitig
связаться/связываться verbinden (in Verbindung setzen)
связь, -и *f.* 1) Beziehung 2) Zusammenhang, Verbindung
сдать/сдавать aufgeben
сделка Geschäft, Deal
север Norden
сервис Service
сертификат Zertifikat, Gutachten
сертификат качества 1) Qualitätsgutachten
  2) Qualitätszeugnis
сертификат о происхождении Ursprungszeugnis
серьёзность, -и *f.* Seriosität
сеть, -и *f.* Netz
сила тока Stromstärke
сиф (стоимость, страхование и фрахт) cif (cost, insurance, freight, Kosten, Versicherung, Fracht)
СКВ (свободно конвертируемая валюта) frei konvertierbare Währung
скидка Rabatt, Nachlaß
склад Lager
сконто *n. indekl.* Skonto
следовать *uv.* folgen
следствие Folge
следующий, -ая; -ие nächster, folgender

сложность, -и *f.* Schwierigkeit
служебный, -ая; -ые Dienst- *(in Zus.)*
служить *uv. zu* послужить dienen
случай Fall, Ereignis
смочь (смогу, сможешь, смогут) *v. zu* мочь können
снижение Senkung
снизить(ся)/снижать(ся) senken, herabsetzen (sich senken, sinken)
собраться/собираться beabsichtigen
совершенно *Adv.* vollkommen
совершить/совершать vollenden
совещание Beratung
совместное предприятие (СП) Joint-venture
совместный, -ая; -ые gemeinsam
современный, -ая; -ые modern
согласие Einverständnis
согласиться/соглашаться einverstanden sein
согласно entsprechend
согласование Abstimmung, Absprache
соглашение Vereinbarung
сожаление Bedauern
сожалеть *uv.* bedauern
солидность, -и *f.* Solidität
сообщение Mitteilung
сообщение-следствие Folgemitteilung
сообщить/сообщать mitteilen
соответствие Übereinstimmung
соответствовать *uv.* entsprechen
сопроводительное письмо Begleitbrief
сорт Sorte
сослаться/ссылаться verweisen
составить/составлять betragen
состояние Lage
состояться *v.* stattfinden
СП (совместное предприятие) Joint-venture
спектр Spektrum
специализировать *v., uv.* spezialisieren
специалист Fachmann
специальный, -ая; -ые speziell
спецификация 1) Einzelaufstellung
  2) Stückliste
список Liste
справка 1) Bescheinigung 2) Erkundung
справочное агентство Auskunftei
сравнить/сравнивать vergleichen
средства *Pl.* Kapazität
средство Mittel
срок Frist
срок действия Gültigkeitsfrist

срочный, -ая; -ые schnell, dringend
ссылаясь *(на что)* bezugnehmend (auf)
ссылка Bezugnahme
стабильный, -ая; -ые stabil
ставить *uv. zu* поставить setzen, stellen
стандарт Standard
станция Station
статья Artikel
стеклянный, -ая; -ые Glas- *(in Zus.)*
стенд Stand
степень, -и *f.* Maß, Grad
стоимость и фрахт (каф) Kosten und Fracht (c&f)
стоимость, -и *f.* Wert, Preis, Kosten
стоимость, страхование и фрахт (сиф) Kosten, Versicherung und Fracht (cif)
Сторона Vertragspartner, Seite
сторона Seite *(räumlich)*
страна Land
страхование Versicherung, Versichern
страховать *uv. zu* застраховать versichern
страховая компания Versicherungsgesellschaft
страховка Versicherung
страховые документы Versicherungsunterlagen
строгий, -ая; -ие streng
судно Schiff
сумма Summe
счёт 1) Rechnung 2) Konto
считать *uv.* denken, glauben; betrachten, halten
сыпучий груз Schüttgut

Т

таможенная декларация Zolldeklaration
таможенные документы Zollpapiere
таможенный, -ая; -ые Zoll- *(in Zus.)*
таможня Zollamt
тара 1) Transportverpackung 2) Verpackungsgewicht
твёрдый, -ая; -ые Fest- *(in Zus.)*
текущий, -ая; -ие aktuell, laufend
телеграфный адрес Telegrammadresse
телеграфный, -ая; -ые telegrafisch
телекс Telex
телефакс Telefax
телефон Telefon
телефонный разговор Telefonat

телефонный, -ая; -ые Telefon- *(in Zus.)*
техника Technik
техническая характеристика technische Daten
технический, -ая; -ие technisch
течение Lauf, Verlauf
тип Typ
товар Ware
товарищество Genossenschaft, Gesellschaft
товарищество с ограниченной ответственностью (ТОО) Gesellschaft mit beschränkter Haftung (GmbH)
товарный, -ая; -ые Waren- *(in Zus.)*
товаросопроводительные документы Warenbegleitpapiere
товары народного потребления Konsumgüter
толщина Dicke
тоннаж Tonnage (Schiffsraum)
ТОО (товарищество с ограниченной ответственностью) GmbH (Gesellschaft mit beschränkter Haftung)
товарная группа Warengruppe
торговать *uv. (чем)* handeln (mit)
торгово-промышленная палата (ТПП) Industrie- und Handelskammer (IHK)
торговый дом Handelshaus *(hist.* für offene Handelsgesellschaft)
торговый, -ая; -ые Handels- *(in Zus.)*
торжественный, -ая; -ые feierlich
точка зрения Standpunkt
ТПП (торгово-промышленная палата) IHK (Industrie- und Handelskammer)
транзит Transit
транспорт Transport
транспортировка Transport
транспортно-экспедиторская фирма Transportunternehmen
транспортное агентство Spedition
транспортный, -ая; -ые Transport- *(in Zus.)*
требование 1) Forderung 2) Anforderung, Erfordernis
трест Trust
тщательный, -ая; -ые; *Adv.* тщательно gründlich
тюк Ballen

151

У

убедительный, -ая; -ые; *Adv.* убедительно dringend, nachdrücklich
убедить(ся)/убеждать(ся) (sich) überzeugen
убыток Schaden
уважаемый, -ая; -ые (sehr) geehrter
уважение Hochachtung
уведомить/уведомлять benachrichtigen
уведомление Benachrichtigung
увеличить/увеличивать erweitern, vergrößern
удаться/удаваться gelingen
удачный, -ая; -ые gelungen, erfolgreich
удивить(ся)/удивлять(ся) (sich) wundern
удовлетворительный, -ая; -ые zufriedenstellend
удовлетворить/удовлетворять zufriedenstellen
удостоверить/удостоверять bestätigen
узнать/узнавать erfahren
указание Ankündigung, Hinweis
указанный, -ая; -ые genannt
указать/указывать *(на что)* hinweisen (auf)
ул. (улица) Straße
упаковать/упаковывать verpacken
упаковка Verpackung
упаковочный лист Packliste, Packzettel
упаковочный, -ая; -ые Verpackungs- *(in Zus.)*
упасть *v. zu* падать fallen
уплата Bezahlung
уплатить *v. zu* платить bezahlen
упомянутый, -ая; -ые erwähnter
уровень, -вня *m.* Niveau
ускорение Beschleunigung
ускорить/ускорять beschleunigen
условие Bedingung
услуга Dienstleistung
установить/устанавливать feststellen
установка 1) Anlage, Vorrichtung 2) Aufstellung
устроить/устраивать *(кого)* recht sein
устройство Vorrichtung, Anlage
усугубить/усугублять vergrößern, verstärken
уточнить/уточнять präzisieren
уч-к (участок) Bereich
участие Teilnahme
участок (уч-к) Bereich
учесть/учитывать berücksichtigen
ущерб Schaden

Ф

ф-л (филиал) Filiale
фабрика Fabrik
факс Fax
фактура Rechnungspreis
фактурная стоимость, -и *f.* Rechnungspreis
фас (франко вдоль судна) fas (free alongside ship, Preis bis Kai)
филиал (ф-л) Filiale, Niederlassung
финансовый, -ая; -ые Finanz- *(in Zus.)*
фирма Firma
фирма-продавец Anbieter
фирменная эмблема Firmenzeichen
фирменный, -ая; -ые Firmen- *(in Zus.)*
флакон Flacon
фоб (франко борт судна) fob (free on board, Preis incl. Beladung des Schiffes)
форма Form
формула вежливости Höflichkeitsformel
франко *indekl.* franco (frachtfrei)
франко борт судна (фоб) frei an Bord (free on board, fob)
франко вдоль судна (фас) frei Längsseite Schiff (free along ship, fas)
франко-автомобиль franco LKW (free on truck)
франко-аэропорт franco Flughafen
франко-вагон franco Waggon
франко-завод franco Werk
франко-стенд franco Messestand
франко-таможенный склад franco Zollager
фрахт Fracht
фрахтовой, -ая; -ые Fracht-, Speditions- *(in Zus.)*

Х

характеристика Charakteristik
хранение Aufbewahrung

Ц

цена Preis
ценные бумаги Wertpapiere

Ч

чартерный рейс Charterfahrt
частично teilweise
частность, -и f. Einzelheit
частота Frequenz
часть, -и f. Teil
чек Scheck
чертёж (technische) Zeichnung
честь, -и f. Ehre
чёрный, -ая; -ые schwarz
числиться uv. geführt werden

Ш

ширина Breite
штраф Strafe (Geldstrafe)
штрафные санкции Strafmaßnahmen
штука Stück

Э

экз. (экземпляр) Exemplar
экспедитор Expediteur
экспертиза Gutachten
эксплуатация Gebrauch, Betrieb, Nutzung
экспонат Ausstellungsstück
экспорт Export, Ausfuhr
экспортировать v., uv. exportieren
экспортная лицензия Ausfuhrlizenz
эмблема Zeichen
энергия Energie

Я

явиться/являться sein, erscheinen als
ярмарка Messe
ярмарочный стенд Messestand
ящик Kiste

7.2. Deutsch-Russisch

A

Abnahmeprotokoll акт приёмки
abladen отгрузить/отгружать
abschlagen, verneinen отказать/отказывать
abschließen (Vertrag) заключить/заключать (договор)
abschließend заключительный, -ая; -ые
Absender адресант, отправитель, -я *m.*
Absprache договорённость, -и *f.*
Abstimmung, Absprache согласование
abweichen отклониться/отклоняться
Abweichung отклонение
Adressat адресат
ähnlich подобный, -ая; -ые
äußerlich, Außen- *(in Zus.)* внешний, -яя; -ие
äußerst крайне *Adv.*
äußerster крайний, -яя; -ие
Akkreditiv аккредитив
Aktiengesellschaft (AG) акционерное общество (а/о, ао)
aktuell текущий, -ая; -ие
Akzept акцепт
Akzeptanz принятие
allgemein общий, -ая; -ие
Alter возраст
anbieten предложить/предлагать
Anbieter фирма-продавец
anbringen нанести/наносить (маркировку)
Anerkennung признание
Anforderung требование
Anfrage запрос
Angaben (machen) (указать/указывать) данные
Angebot предложение, оферта
Angebot(sschreiben) письмо-предложение
(es ist) angenehm приятно; wir freuen uns нам приятно
Ankündigung, Hinweis указание
Anlage 1) (Einrichtung) оборудование, устройство, установка 2) (zum Brief) приложение
Anlagevermerk отметка о наличии приложения
Anlaß повод *(для чего)*
Anleihe займы
Anlieferung 1) (Liefern) доставка 2) (Bekommen) получение

Anleitung руководство, инструкция
annehmbar приемлемый, -ая; -ые
annehmen 1) (von Ware) принять/принимать 2) (vermuten) полагать *uv.*; предположить/предполагать
Anrede обращение
Anspruch (Forderung) претензия
Anweisung инструкция
Anzahl количество
Anzahlung задаток
Anzeige объявление
anrufen позвонить/звонить *(кому)*
anschauen взглянуть/взглядывать
anstelle (von) взамен *(чего)*
anziehen, sich erhöhen подняться/подниматься
Apparatur(en) аппаратура
Art вид
Artikel статья
Art, Weise образ
Assoziation ассоциация (ас.)
Aufbewahrung хранение
Auffahrt (Aufgang) подъезд (под.)
aufgeben сдать/сдавать
Aufklärung разъяснение
aufmerksam внимательный, -ая; -ые; *Adv.* внимательно
Aufmerksamkeit внимание
Aufmerksamkeit lenken (auf) обратить/обращать внимание *(на что)*
Aufstellung установка
Auftrag заказ
Auftraggeber заказчик
ausdrücken выразить/выражать
Ausfuhrlizenz экспортная лицензия
ausführen (schriftlich) изложить/излагать
ausführlich подробный, -ая; -ые
Ausführung (Erfüllung) выполнение (работы), исполнение (обязанности)
Ausgangsbrief исходящее письмо
ausgehend исходящий, -ая; -ие
ausgezeichnet отличный, -ая; -ые; *Adv.* отлично
Ausgabe выдача
Auskunftei справочное агентство
ausländisch иностранный, -ая; -ые
Ausnahme исключение
auspacken распаковать/распаковывать

ausrüsten (ausstatten) обеспечить/
  обеспечивать
Ausrüstung оборудование
Außenhandelsorganisation, -unternehmen
  внешнеторговая организация (В/О)
Außenhandels- (in Zus.) внешторговый,
  -ая; -ые
ausstellen выставить/выставлять
Ausstellung выставка
Ausstellungspavillon выставочный павильон
Ausstellungsstück экспонат
austauschen заменить/заменять
ausverkaufen распродать/распродавать
Auswahl 1) (Sortiment) набор 2) (Wahl)
  выбор
auswählen выбрать/выбирать

B

Ballen рулон (бумаги), тюк (товара)
Bank банк
Bank- (in Zus.) банковский, -ая; -ие
Bankett банкет
Bankleitzahl (BLZ) межфилиальный оборот
  (МФО)
Bankverbindung банковские реквизиты
Bargeld наличные Pl.
Bartergeschäft бартерная сделка
basieren основываться uv.
Basis база
beabsichtigen собраться/собираться
Bedauern сожаление
bedauern сожалеть uv.
bedeutend значительный, -ая; -ые
Bedienungsanleitung инструкция по экс-
  плуатации
Bedingung условие
befördern перевезти/перевозить
Begleichung погашение
Begleitbrief сопроводительное письмо
begründen обосновать/обосновывать
Begründung основание
Behälter бак
beigelegt приложенный, -ая; -ые
beilegen приложить/прилагать
beiliegend при этом
bekannt machen mit (sich ~) ознакомить(ся)/
  ознакомлять(ся) (с чем)
Bekanntschaft знакомство
beliebig любой, -ая; -ые

bemerken обнаружить/обнаруживать
benachrichtigen уведомить/уведомлять
Benachrichtigung уведомление
Benennung наименование
benötigen нуждаться uv. (в чём)
benutzen воспользоваться/пользоваться
  (чем)
Beratung консалтинг, совещание
Bereich участок (уч-к)
bereit (sein) готов, -а; -ы
Bereitstellung готовность, -и f.
berücksichtigen учесть/учитывать
berühren, betreffen коснуться/касаться
  (чего)
beschädigen повредить/повреждать
beschädigt повреждённый, -ая; -ые
Beschädigung повреждение
Bescheinigung справка
beschleunigen ускорить/ускорять
Beschleunigung ускорение
Beschreibung документация, описание
Beschwerde жалоба
Besichtigung осмотр
besitzen обладать uv. (чем)
besonders особенный, -ая; -ые; Adv.
  особенно
bestätigen подтвердить/подтверждать
  (получение письма), удостоверить/
  удостоверять (подпись)
bestätigt подтверждённый, -ая; -ые
Bestätigung акцепт
Bestätigungsschreiben (письмо-)подтверж-
  дение
bestellen заказать/заказывать
Besteller заказчик
bestellter, erbetener запрошенный, -ая; -ые
Bestellung заказ
bestimmt sein предназначить/предна-
  значать (для чего)
Bestimmung назначение
Besuch посещение
besuchen посетить/посещать
betrachten (als) считать uv. (чем)
betragen (von Mengen) составить/
  составлять
betreffen, berühren коснуться/касаться
  (чего)
Betreffzeile заголовок к тексту
Betrieb завод, предприятие (предпр.)
Betrieb, Nutzung эксплуатация
Beutel пакет(ик)

bevorstehend предстоящий, -ая; -ие
Beweis доказательство
bezahlen заплатить/платить (долг); оплатить/оплачивать (расходы); уплатить/платить (налог)
Bezahlung уплата
Bezeichnung наименование
bezeugen засвидетельствовать/ свидетельствовать (о чём)
Beziehung связь, -и f.
bezüglich касательно, относительно
Bezugnahme ссылка
bezugnehmend (auf) ссылаясь (на что)
Bitte (письмо-)просьба
Blatt лист (л.)
bleiben остаться/оставаться
Breite ширина
Briefumschlag конверт
Briefkopf заголовок письма
Broschüre брошюра
Buchhalter бухгалтер
Bürgschaft поручательство
Büro офис

C

Charakteristik характеристика
Charterfahrt чартерный рейс
Cocktailempfang коктейль, -я m.
cif(cost, insurance, freight) сиф (стоимость, страхование и фрахт)
Container контейнер
c&f (cost and freight) каф (стоимость и фрахт)

D

da, weil поскольку
Damen- (in Zus.) женский, -ая; -ие
Dank, Dankbarkeit благодарность, -и f.
danken поблагодарить/благодарить (кого)
Dankschreiben благодарственное письмо, письмо-благодарность
Datum дата
Delegation делегация
denken, meinen считать uv.
Detail деталь, -и f.
Devisen девизы
Dicke толщина

dienen послужить/служить
Dienst- (in Zus.) служебный, -ая; -ые
Dienstleistung услуга
Differenz расхождение
direkt непосредственный, -ая; -ые; Adv. непосредственно
Direktor директор
divergieren разойтись/расходиться
Dokumentation документация
dringend настоятельно, убедительно (просить);срочно (поставить) Adv.
Duplikat дубликат
Durchführung проведение

E

Ehre честь, -и f.
Eigentümer владелец
Einfuhrgenehmigung импортная лицензия
einführen ввести/вводить
Eingang подъезд (под.)
Eingangsbrief входящее письмо
eingehen, eintreffen поступить/поступать
einhalten (Fristen) выдержать/выдерживать (сроки)
Einladung приглашение
einleitend вступительный, -ая; -ые
Einrichten наладка
einschließen включить/включать
Einschreibebrief заказное письмо
Eintreffen прибытие
eintreffen прибыть/прибывать
einverstanden sein согласиться/согла- шаться
Einverständnis согласие
Einwand возражение
Einzelaufstellung спецификация
Einzelheit частность, -и f., деталь, -и f.
Einzelunternehmen личное предприятие
einziehen навести/наводить (справку)
Eisenbahn- (in Zus.) железнодорожный
Empfänger получатель, -я m.
Empfang получение, приём
Ende конец, -нца
endgültig окончательный, -ая; -ые
entgegennehmen принять/принимать
Entschädigung возмещение
Entscheidung решение
entschieden категорический, -ая; -ие
entschuldigen извинить/извинять

entsprechen соответствовать *uv.*
entsprechend согласно
entstehen (erwachsen) возникнуть/возникать
entziehen лишить/лишать
Ereignis случай
erfahren узнать/узнавать
erfolgen производиться *uv.*
erfolgreich удачный, -ая; -ые
Erfordernis требование
erfüllen выполнить/выполнять
Erfüllung исполнение (обязанности), выполнение (работы)
Ergänzung дополнение
Ergebnis результат
ergreifen (Maßnahmen) принять/принимать (меры)
Erheben (von Ansprüchen) предъявление (претензий)
erhöhen повысить/повышать (производительность); увеличить/увеличивать (выпуск продукции)
erhöht повышенный, -ая; -ые
Erhöhung повышение
Erkundung справка
erleichtern облегчить/облегчать
erlöschen истечь/истекать
Eröffnung открытие
erörtern обсудить/обсуждать
Ersatz (Entschädigung) возмещение
Ersatzteile запасные части, запчасти
Ersatzteile, Werkzeuge und Zubehör (EWZ) запчасти, инструменты и принадлежности (ЗИП)
ersetzen возместить/возмещать
erwachsen (entstehen) возникнуть/возникать
erwähnter упомянутый, -ая; -ые
Erwartung, in Erwartung ожидание, в ожидании
erweisen (sich ~) выявить(ся)/выявлять(ся); оказать(ся)/оказывать(ся)
erweitern расширить/расширять (сферу деятельности); увеличить/увеличивать (выпуск продукции)
Erzeugnis изделие
europäisch европейский, -ая; -ие
Exemplar экземпляр (экз.)
Expediteur экспедитор
Export, Ausfuhr экспорт
exportieren экспортировать *v., uv.*

F

Fabrik фабрика
Fachmann специалист
Fall (Ereignis, Vorkommnis) случай
fallen упасть/падать
Farbe, Farbgebung расцветка
fas (free alongside ship) фас (франко вдоль судна)
Faß бочка
Fax факс
Fehl- *(in Zus.)* ошибочный, -ая; -ые
Fehlen отсутствие
fehlender недостающий, -ая; -ие
Fehler дефект (оборудования), ошибка (в счёте)
fehlerhaft дефектный, -ая; -ые
Fehlmenge недогруз
feierlich торжественный, -ая; -ые
Fest- *(in Zus.)* твёрдый, -ая; -ые
festgesetzt назначенный, -ая; -ые
Festlegung инструкция
feststellen констатировать *v., uv.* (факт); определить/определять (размер); установить/устанавливать (причину)
Filiale филиал (ф-л)
Finanz- *(in Zus.)* финансовый, -ая; -ые
finden найти/находить
Firma фирма
Firmen- *(in Zus.)* фирменный, -ая; -ые
Firmenname наименование фирмы
Firmenzeichen (Logo) фирменная эмблема
Flacon флакон
Fläche площадь, -и *f.*
Flasche бутылка
Flüssigkeit жидкость, -и *f.*
Flußhafen речной порт
fob (free on board) фоб (франко борт судна)
Folge следствие
Folgemitteilung сообщение-следствие
folgen следовать *uv.*
folgender следующий, -ая; -ие
folglich вследствие
Forderung требование
Form форма
fortsetzen продолжить/продолжать
Fracht фрахт
Fracht- *(in Zus.)* фрахтовой, -ая; -ые
Frachtbrief накладная
Frachtschiff грузовое судно
franco (frachtfrei) франко

franco Flughafen франко-аэропорт
franco LKW (free on truck) франко-автомобиль
franco Messestand франко-стенд
franco Waggon франко-вагон
franco Werk франко-завод
franco Zollager франко-таможенный склад
Frau госпожа (г-жа)
frei Längsseite Schiff (fas) франко вдоль судна (фас)
frei an Bord (fob) франко борт судна (фоб)
frei konvertierbare Währung свободно конвертируемая валюта (СКВ)
frei, freibleibend свободный, -ая; -ые
Frequenz частота
freuen, es freut mich (uns) рад, -а; -ы
Freundlichkeit любезность, -и *f.*
frisch свежий, -ая; -ие
Frist, fristgemäß срок, в срок
(hin)führen довести/доводить
führen (zu etwas) привести/приводить *(к чему)*
Führung (Leitung) руководство

G

Garantie гарантия
garantieren гарантировать *v., uv.;* обеспечить/обеспечивать
Garantieschein гарантийное письмо, гарантия
Gas газ
Gasse переулок (п., пер.)
Gebäudekomplex корпус (корп.)
Gebiet область, -и *f.*
Gebrauch использование, эксплуатация
gebrauchen использовать *v., uv.*
Gebrauchsanweisung руководство по эксплуатации; правила пользования
gebührend должный, -ая; -ые
geehrter уважаемый, -ая; -ые
geeignet sein подойти/подходить
geführt werden числиться *uv.*
Gegenangebot контрпредложение
gegenseitig взаимный, -ая; -ые
Gegenstand предмет
gehören принадлежать *uv.*
Geld деньги *Pl.*
gelingen удаться/удаваться
gelten подействовать/действовать

gelungen удачный, -ая; -ые
gemeinsam совместный, -ая; -ые
genannt указанный, -ая; -ые
General- *(in Zus.)* генеральный, -ая; -ые
Generation поколение
Genossenschaft ассоциация (ас.), кооператив (кооп.), товарищество
genötigt sein вынужден, -а; -ы
Gerät прибор
Geschäft (Deal) дело, сделка
Geschäfts- *(in Zus.)* деловой, -ая; -ые; коммерческий, -ая; -ие
Geschäftsführer коммерческий директор
Geschäftstätigkeit деятельность, -и *f.*
geschlossen закрытый, -ая; -ые
Gesellschaft общество (о-во; об-во), ассоциация (ас.), объединение (о.), товарищество
Gesellschaft bürgerlichen Rechts, GbR общество гражданского кодекса
Gesellschaft mit beschränkter Haftung (GmbH) общество с ограниченной ответственностью (ООО); товарищество с ограниченной ответственностью (ТОО)
gesondert, einzeln отдельный, -ая; -ые
Gespräch разговор
gestatten позволить/позволять, разрешить/разрешать
gestatten Sie разрешите, позвольте
gewähren предоставить/предоставлять
gewährleisten, garantieren обеспечить/обеспечивать
Gewicht вес
Glas (Gefäß) банка
Glas- *(in Zus.)* стеклянный, -ая; -ые
glauben считать *uv.*
gleich(mäßig) равный, -ая; -ые
gleichzeitig одновременный, -ая; -ые; *Adv.* одновременно
GmbH (Gesellschaft mit beschränkter Haftung) ООО (общество с ограниченной ответственностью), ТОО (товарищество с ограниченной ответственностью)
Grenze граница
Grenzstation пограничная станция
(obere) Grenz- *(in Zus.)* предельный, -ая; -ые
Größe (als Maßeinheit) размер
Grund основание
gründlich тщательный, -ая; -ые; *Adv.* тщательно

gültig действующий, -ая; -ие
gültig bleiben остаться/оставаться в силе
Gültigkeitsfrist срок действия
günstig выгодный, -ая; -ые
Güte, Qualität качество
Gut, Ladung груз
Gutachten экспертиза
Gutschrift кредит-нота

H

haben иметь *uv.*
Hafen порт
Halbfabrikat полуфабрикат
halten (für) считать *uv.* *(чем)*
handeln торговать *uv.* *(чем)*
Handels- *(in Zus.)* торговый, -ая; -ые
Handelsgesellschaft компания (Ко)
Handelshaus (*hist.* offene Handels-
  gesellschaft) торговый дом
Haupt- *(in Zus.)* генеральный, -ая; -ые;
  главный, -ая; -ые
Haus(nummer) д. (дом)
herabsetzen, senken снизить/снижать
Herausgabe выдача
Herr господин (г., г-н)
Herren (*auch* Damen und Herren) господа
Hersteller изготовитель, -я *m.*
hervorrufen вызвать/вызывать
hiermit настоящим
Hilfe помощь, -и *f.*
hineingehen войти/входить
hinweisen (auf) указать/указывать *(на что)*
hoch высокий, -ая; -ие
Hochachtung уважение
hochachtungsvoll с уважением
hochproduktiv высокопроизводительный,
  -ая; -ые
hochwertig высококачественный, -ая; -ые
Höchst- *(in Zus.)* максимальный, -ая; -ые
höchster высший, -ая; -ие
Höflichkeit вежливость, -и *f.*
Höflichkeitsformel формула вежливости
Höhe высота
hoffen надеяться *uv.*
Hoffnung надежда
hoffnungsvoll надёжный, -ая; -ые
Holdinggesellschaft объединённые предприятия *(Pl.)*
Holz- *(in Zus.)* деревянный, -ая; -ые

I

im voraus заранее
im Zusammenhang (mit) в связи *(с чем)*
Immobilie(n) недвижимость, -и *f.* (nur *Sing.*)
Import, Einfuhr импорт
in Anbetracht (wessen) ввиду *(чего)*
Index индекс
Industrie промышленность, -и *f.*
Industrie- und Handelskammer (IHK) торгово-
  промышленная палата (ТПП)
Information информация
informieren информировать *v., uv.;v. auch*
  проинформировать
Inkasso инкассо
intakt исправный, -ая; -ые
intensiv интенсивный, -ая; -ые; *Adv.* интенсивно
interessieren заинтересовать *v.*, интересовать *uv.*
interessierender интересующий, -ая; -ие
international международный, -ая; -ые
Interview интервью

J

Jahres- *(in Zus.)* годичный, -ая; -ые
jedoch однако
jeglich всякий, -ая; -ие
Joint-venture совместное предприятие (СП)
jüngster младший, -ая; -ие

K

kaufmännisch коммерческий, -ая; -ие
kaufmännischer Direktor коммерческий
  директор
Käufer покупатель, -я *m.*
Kapazität средства
Kartell картель, -я *m.*
Karton (Schachtel) коробка
Katalog каталог
Kauf купля
Kaufvertrag договор купли-продажи
Kenntnis известность, -и *f.* (поставить в ~),
  сведение (принять к ~-ю); знание (дела)
Kennzahl индекс
Kinder- *(in Zus.)* детский, -ая; -ие
Kiste ящик

(staatliches) Kleinunternehmen малое (государственное) предприятие, МП
Kollektion коллекция
Kombinat комбинат (комб.)
Kommanditgesellschaft (KG) коммандитное товарищество, коммандитное общество (КО)
Kommissionär комиссионер
Kompagnie компания, Ko
kompensieren, ausgleichen компенсировать v., uv.
Komplex комплекс (компл.)
Konditionen кондиции
konkret конкретный, -ая; -ые
konkurrenzfähig конкурентоспособный, -ая; -ые
Konnossement коносамент
Konservendose консервная банка
Konsortium консорциум (конс.)
Kosten стоимость, -и f.
Konstruktion конструкция
Konsumgüter товары народного потребления
Kontakt контакт
Konto счёт
Konto (Verrechnungskonto) расчётный счёт (р/с)
Kontrolle контроль, -я m.
Konzern концерн
können смочь (смогу, сможешь, смогут) / мочь (могу, можешь, могут)
Kooperative кооператив (кооп.)
Kopf(text) заголовок
Kopie копия
Kosten расходы
Kosten und Fracht (c&f) стоимость и фрахт (каф)
Kosten, Versicherung und Fracht (cif) стоимость, страхование и фрахт (сиф)
Kredit кредит
Kreditwürdigkeit кредитоспособность, -и f.
Kunde клиент (сберкассы), комитент (фирмы)
künftig впредь
Kurier курьер
kurz короткий, -ая; -ие
kürzester кратчайший, -ая; -ие

L

Labor лаборатория
Ladung груз
lang(jährig) длительный, -ая; -ые
Länge длина
längst давно Adv.
Lage положение, ситуация, состояние, in der Lage sein быть в состоянии
Lager (Warenlager) склад
Land страна
lassen пустить/пускать
Last груз
Lattenverschlag обрешётка
Lauf, Verlauf течение
laufend текущий, -ая; -ие
Lebensmittel продукты Pl.
leider к сожалению
Leistung мощность, -и f.
Leitung руководство
letzter последний, -яя; -ие
Lieferant поставщик
liefern поставить/поставлять
Lieferung поставка
Lieferverzug просрочка поставки
Liste (платёжная) ведомость, -и f., список (деталей)
LKW-Transport автомобильная перевозка, грузовой автотранспорт
Luft- (in Zus.) воздушный, -ая; -ые
Luftfracht воздушная перевозка
Luftfracht- (in Zus.) авиагрузовой, -ая; -ые

M

mangelhaft некачественный, -ая; -ые; Adv. некачественно
Mängelrüge коммерческий акт
Makler маклер
Marke марка
Marketing маркетинг
Markierung маркировка
Markt рынок
Markt- (in Zus.) рыночный, -ая; -ые
Maschine машина
Maß мера
Maßeinheiten единицы измерения
Maßnahme мера (принять меры), (торжественное) мероприятие
Maß, Grad степень, -и f.

Material материал
Maximal- *(in Zus.)* максимальный, -ая; -ые
Meinung мнение
melden заявить/заявлять
Menge, Quantität количество
Messe ярмарка, выставка
Messestand ярмарочный стенд
Minderbezahlung недоплата
Minderlieferung недостача
minderwertig низкий, -ая; -ие
mitteilen известить/извещать; сообщить/сообщать
Mitteilung сообщение
Mittel средство
mittels посредством
Mittler маклер, посредник
Modell модель, -и *f.*
modern современный, -ая; -ые
modisch модный, -ая; -ые
möglich возможный, -ая; -ые
möglich sein возможен, -жна; -жны
Möglichkeit возможность, -и *f.*
monatlich ежемесячный, -ая; -ые; *Adv.* ежемесячно
Montage монтаж
Montageanleitung инструкция по монтажу
müssen должен, должна; должны
Muster образец

N

nachdrücklich настоятельно, убедительно *Adv.*
Nachlaß, Rabatt скидка
Nachricht сведение
nächster ближайший, -ая; -ие; следующий, -ая; -ие
Name наименование
negativ отрицательный, -ая; -ые
nennen назвать/называть
Netz сеть, -и *f.*
nicht (den Bedingungen) entsprechend некондиционный, -ая; -ые
Niederlassung филиал (ф-л)
niedrig низкий, -ая; -ие
Niveau уровень,-вня *m.*
notwendig необходим, -а; -ы
Nummer (почтовый) индекс, номер (телефона)
Nutzung использование

O

oben Angeführtes вышеуказанное
oben Dargelegtes вышеизложенное
offene Handelsgesellschaft (OHG) открытое общество
offensichtlich очевидно
offiziell официальный, -ая; -ые
Öffnen открытие
Organisation организация
orientieren ориентировать *v., uv.*
Ort место, пункт
örtlich местный, -ая; -ые

P

Paar пара
Packliste, Packzettel упаковочный лист
Paket (Postsendung) почтовая посылка
Palette 1) (Spektrum) гамма
  2) (Verpackung) палитра
Papiere документы
Partie (Teillieferung) партия
Partner партнёр
Partner- *(in Zus.)* партнёрский, -ая; -ие
Passage проезд (пр.)
Person лицо
planen распланировать *v.* (время); запланировать/планировать (мероприятие)
Platz место (на первом месте); площадь (пл.) (пл. им. Герцена)
Plombe пломба
Position, Posten позиция
positiv благоприятный, -ая; -ые; положительный, -ая; -ые
postalisch, Post- *(in Zus.)* почтовый, -ая; -ые
Postamt почтовое отделение (п/о)
Postanschrift почтовый адрес
Postfach почтовый ящик (п/я)
Postleitzahl (PLZ) индекс предприятия связи, почтовый индекс
präzisieren уточнить/уточнять
Preis цена
Preisliste прейскурант
Pressekonferenz пресс-конференция
Probe- *(in Zus.)* пробный, -ая; -ые
Produkt продукт
Produktion продукция
Produktionsvereinigung производственное объединение (П/О)

Prospekt (große Straße) проспект (пр., просп.)
Prospekt (Werbe-~) проспект (рекламный ~)
Protokoll протокол
Prozent процент
prüfen рассмотреть/рассматривать
Prüfung проверка, изучение
Prüfzeugnis акт испытаний, протокол испытаний

Q

Qualität качество
Qualitäts- *(in Zus.)* качественный, -ая; -ые
Qualitätsgutachten сертификат качества
Qualitätszeugnis сертификат качества
Quantität количество
Quartal квартал
quartalsweise поквартальный, -ая; -ые; *Adv.* поквартально
Quelle источник

R

Rabatt скидка
Rechnung счёт
Rechnungspreis фактурная стоимость, -и *f.*, фактура
Recht право
recht sein *(jmdm.)* устроить/устраивать *(кого)*
rechtfertigen оправдать/оправдывать
rechtlich правовой, -ая; -ые
Rechtsformen правовые формы
rechtzeitig своевременный, -ая; -ые
Referenz рекомендация
Referenzen референции
Regel правило
Reihe ряд
Reklamation рекламация
Reklamation(sschreiben) письмо-рекламация
Reklame- *(in Zus.)* рекламный, -ая; -ые
Restaurant ресторан
richtig правильный, -ая; -ые
Risiko риск
Rolle рулон
Rückerstattung возврат
Ruf, Firmenruf репутация

S

Sache дело
Sack мешок
Satz комплект
Schachtel пачка (сигарет), коробка (спичек)
Schaden убыток, ущерб
Schadensersatz возмещение убытков
Schadensprotokoll коммерческий акт
Scheck чек
schicken выслать/высылать; направить/направлять; послать/посылать
schicken (her-, zuschicken) прислать/присылать
Schiedsgericht арбитраж
Schienentransport, Eisenbahn~ железнодорожная перевозка
Schiff судно
Schiffstransport водная перевозка
Schlußformel заключительная формула вежливости
schnell срочный, -ая; -ые
Schüttgut сыпучий груз
Schuld 1) вина 2) (Pflicht) долг
schwarz чёрный, -ая; -ые
Schwierigkeit сложность , -и *f.*
Seefrachtbrief коносамент
sein, erscheinen (als) явиться/являться *(чем)*
Seite 1) (räumlich) сторона 2) (Verhandlungspartner) Сторона
senden выслать/высылать; отправить/отправлять; послать/посылать
senken снизить/снижать
Senkung снижение
Seriosität серьёзность, -и *f.*
Service сервис
Serviceleistung послепродажное обслуживание
setzen, stellen поставить/ставить
sinken снизиться/снижаться
Skonto сконто
solide надёжный, -ая; -ые
Solidität солидность, -и *f.* (фирмы), порядочность, -и *f.* (степень порядочности)
Sonder- *(in Zus.)* льготный, -ая; -ые
Sorte сорт
Sortiment ассортимент (ас.)
Spannung напряжение
spät поздний, -яя; -ие; *Adv.* поздно
Spedition транспортное агентство

Speditions- *(in Zus.)* фрахтовой, -ая; -ые
Spektrum гамма, спектр
spezialisieren специализировать *v., uv.*
speziell специальный, -ая; -ые
Staatsgrenze государственная граница
stabil стабильный, -ая; -ые
Stadt город (г.)
Stand стенд
Standard стандарт
Standpunkt точка зрения
Station станция
stattfinden состояться *v.*
Stelle место
stellen поставить/ставить
Stempel печать, -и *f.*
Stempelvermerk место печати (М.П.)
Strafe (Geldstrafe) пеня, штраф
Strafmaßnahmen штрафные санкции
Straße улица (ул.)
Straßenverkehrsfrachtbrief автонакладная
streng строгий, -ая; -ие
Stromstärke сила тока
studieren изучить/изучать
Stück штука
Stückliste спецификация
Suche поиск
Summe сумма

T

täglich ежедневный, -ая; -ые
Tätigkeit деятельность, -и *f.*
Tatbestandsaufnahme коммерческий акт
Technik техника
technisch технический, -ая; -ие
technische Daten техническая характеристика
Teil часть, -и *f.*
teilbar делимый, -ая; -ые
Teillieferung партия
Teilnahme участие
teilnehmen (an) принять/принимать участие (в чём)
teilweise частичный, -ая; -ые; *Adv.* частично
Telefax телефакс
Telefaxkopfleiste заставка телефакса
Telefon- *(in Zus.)* телефонный, -ая; -ые
Telefonat телефонный разговор
telegrafisch телеграфный, -ая; -ые
Telegrammadresse телеграфный адрес
Telex телекс
Test испытание
tief глубокий, -ая; -ие
Tilgung погашение долга
Tochtergesellschaft дочернее общество
Tonnage (Schiffsraum) тоннаж
Transit транзит
Transport перевозка, транспортировка, транспорт
Transport- *(in Zus.)* транспортный, -ая; -ые
transportieren перевезти/перевозить
Transportunternehmen транспортно-экспедиторская фирма
Transportverpackung тара
Treffen встреча
treffen (begegnen) встретить/встречать
Trust трест
Tüte пакет(ик)
Typ тип

U

überbringen передать/передавать
Übereinstimmung соответствие
Übergabe-Übernahme-Protokoll акт сдачи-приёмки, приёмно-сдаточный акт
übergeben передать/передавать
überhöhen завысить/завышать
überhöht завышенный, -ая; -ые, преувеличенный, -ая; -ые
überlagert залежалый, -ая; -ые
Übernahmeprotokoll приёмочный акт
Überprüfung (Besichtigung) осмотр
Überschrift заголовок
übersenden препроводить/препровождать
Übersetzung перевод
Überweisen отнесение
Überweisung перевод
überzeugen (sich ~) убедить(ся)/убеждать(ся)
üblich обычный, -ая; -ые
übriger остальной, -ая; -ые
Ufer(straße) набережная (наб.)
Umfang объём
Umstand обстоятельство
Unannehmlichkeit неудобство
unbekannt неизвестный, -ая; -ые
uneingeschränkt безоговорочный, -ая; -ые
unerfreulich неприятный, -ая; -ые; *Adv.* неприятно

Unfallbescheinigung аварийный сертификат
ungeachtet (dessen, daß ...) несмотря
  (на то, что ...)
ungefähr примерно, приблизительно *Adv.*
ungleichmäßig неравномерный, -ая; -ые;
  Adv. неравномерно
unlängst недавно *Adv.*
untauglich (ungeeignet) непригодный,
  -ая; -ые; *Adv.* непригодно
unten (weiter ~) ниже
unterbringen разместить/размещать
Untergewicht недовес
Unternehmen компания (Ко), предприятие
  (предпр.), организация
Unternehmer предприниматель, -я *m.*
Unterschreiben подписание
unterschreiben подписать/подписывать
Unterschrift подпись, -и *f.*
Unterstützung поддержка
unterwerfen (unterziehen) подвергнуть/
  подвергать
untrennbar неотъемлемый, -ая; -ые
unverlangt незапрошенный, -ая; -ые,
  незатребованный, -ая; -ые
unverlangtes Angebot инициативное предложение
unversehrt исправный, -ая; -ые
unverzüglich немедленный, - ая; -ые;
  Adv. немедленно
unvollständig некомплектный, - ая; -ые;
  Adv. некомплектно
unwiderruflich безотзывный, -ая; -ые
Ursprungszeugnis сертификат о происхождении

V

Valuta валюта
Variante вариант
Veränderung изменение
Veranstalter организатор
Veranstaltung мероприятие
verantwortlich ответственный, -ая; -ые
Verantwortung ответственность, -и *f.*
verbinden (in Verbindung setzen) связаться/
  связываться
Verbindlichkeit обязательство
Verbindung связь, -и *f.*
verbleiben остаться/оставаться
verbleiben wir остаёмся

verbunden (sein) признателен,
  -льна; -льны
Verbrauchsmaterialien расходные материалы
verdorben испорченный, -ая; -ые
Vereinbarung соглашение
Vereinigung ассоциация (ас.),
  объединение (о.)
Vergabe предоставление
vergleichen сравнить/сравнивать
vergrößern (verstärken) усугубить/
  усугублять (неприятности); увеличить/
  увеличивать (выпуск продукции)
verhalten (sich ~) отнестись/относиться
Verhandlung(en) переговоры *Pl.*
Verkauf продажа
verkaufen продать/продавать
Verkäufer продавец
Verlade- *(in Zus.)* отгрузочный, -ая; -ые
Verladen отгрузка
verladen отгрузить/отгружать
Verlag издательство
verlangt запрошенный, -ая; -ые
Vermerk пометка, отметка
vermindert (gesenkt) пониженный, -ая; -ые
verpacken упаковать/упаковывать
Verpackung упаковка
Verpackungs- *(in Zus.)* упаковочный,
  -ая; -ые
Verpackungsgewicht тара
verpflichtet sein (zu Dank) обязан, -а; -ы
Verrechnungskonto расчётный счёт (р/с)
Versand отгрузка, отправление
Versand- *(in Zus.)* отгрузочный, -ая; -ые
verschieben перенести/переносить
verschieden различный, -ая; -ые
Versenden направление
versenden отгрузить/отгружать
versetzen поставить/ставить
versichern 1) (versprechen) заверить/
  заверять *(кого в чём)* 2) (Versicherung
  abschließen) застраховать/страховать
  (кого; что)
Versicherung страховка, страхование
Versicherungsgesellschaft страховая
  компания
Versicherungsunterlagen страховые документы
Verspätung опоздание
Verständnis понимание
Verstoß нарушение

Verteilervermerk отметка о направлении копий в другие адреса
Vertrag договор, контракт
Vertragspartner (hier Seite) Сторона
vertraulich конфиденциальный, -ая; -ые; *Adv.* конфиденциально
Vertraulichkeit конфиденциальность, -и *f.*
Vertreter агент, представитель, -я *m.*
Vertretung агентство, представительство (предст.)
verweisen сослаться/ссылаться
verwenden использовать *v., uv.*
Verzögerung задержка
verzollen облагать пошлиной
vollenden совершить/совершать
vollkommen совершенно *Adv.*
Vollmacht доверенность, -и *f.*
vollständig комплектный, -ая; -ые; полностью *Adv.*
vollziehen осуществить(ся)/осуществлять(ся)
voll(ständig) полный, -ая; -ые
Volumen объём
vorangegangener, vorausgegangener предыдущий, -ая; -ие
Vorauszahlung предоплата
Vorführung демонстрация
vorgeschlagen предложенный, -ая; -ые
vorgesehen предусмотренный, -ая; -ые
vorgestellt представленный, -ая; -ые
Vorhaben (Absicht) намерение
Vorhandensein наличие
voriger прошлый, -ая; -ые
Vorjahres- *(in Zus.)* прошлогодний, -яя; -ие
Vorlage (von Dokumenten) представление, предъявление
vorliegend настоящий, -ая; -ие
Vorrichtung (Anlage) устройство, установка
vorsehen (für) предусмотреть/предусматривать
vorstellen (sich ~) представить(ся)/представлять(ся)
Vorzugs- *(in Zus.)* льготный, -ая; -ые

W

Währung валюта
Waggon вагон
Ware товар
Waren- *(in Zus.)* товарный, -ая; -ые

Warenbegleitpapiere товаросопроводительные документы
Warengruppe товарная группа
Wartungsvorschrift инструкция по техническому обслуживанию
Wechsel (im Bankwesen) вексель, -я *m.*
Weg путь, -и *m.*
Welt- *(in Zus.)* мировой, -ая; -ые
wenden (sich ~) обратить(ся)/обращать(ся)
Wendung оборот
Werbe- *(in Zus.)* рекламный, -ая; -ые
Werbefachmann рекламист
werben рекламировать *v., uv.*
Werbung реклама
Werk, Fabrik завод
Werkzeug инструменты *Pl.*
Wertpapiere ценные бумаги
Wertung оценка
Wert, Preis, Kosten стоимость, -и *f.*
wiederholen (sich ~) повториться/повторяться
wirksam действенный, -ая; -ые
Woche неделя
Wohnblock корпус (корп.)
wundern (sich ~) удивить(ся)/удивлять(ся)
Wunsch желание
wünschenswert (es ist ~) желательно

Z

Zahlung оплата, платёж
Zahlungsfähigkeit платёжеспособность, -и *f.*
Zahlungspapiere платёжные документы
Zahlungsverzug просрочка платежа
Zeichen, Emblem эмблема
Zeichnung 1) (Abbildung) рисунок 2) (technische Zeichnung) чертёж
Zeit время; (es ist)~ пора
Zeitraum период
Zertifikat, Gutachten сертификат
Zoll- *(in Zus.)* таможенный, -ая; -ые
Zollamt таможня
Zolldeklaration таможенная декларация
zollfreie Ware не облагаемый пошлиной товар
Zoll(gebühr) пошлина
Zollpapiere таможенные документы
Zubehör принадлежности *Pl.*
zufrieden sein (mit) доволен, довольна; довольны *(чем)*

zufriedenstellen удовлетворить/удовлет-
   ворять
zufriedenstellend удовлетворительный,
   -ая; -ые
zufügen причинить/причинять
zulassen допустить/допускать
zur Verfügung stellen предоставить/предо-
   ставлять
zurück обратно *Adv.*
zurücksenden вернуть, возвратить/
   возвращать
Zurückweisung отклонение
Zusammenhang связь, -и *f.*
Zusatzgerät комплектующий прибор
zusätzlich дополнительный, -ая; -ые
zuverlässig надёжный, -ая; -ые
zweiseitig двусторонний, -яя; -ие
Zwischenbescheid предварительное
   уведомление
zwischenzeitlich промежуточный, -ая; -ые

Verzeichnis der verwendeten Literatur

[1] Алексеев Д.И., Гозман И.Г., Сахаров Г.И.: Словарь сокращений русского языка.– Москва, 1983.
[2] Борманн Д., Воротина Л., Федерманн Р.: Менеджмент. Предпринимательская деятельность в рыночной экономике.– Гамбург, 1992.
[3] Бушуев В.В., Новоселов Е.Ф., Очередько В.И., Панов С.Ф., Сердюк Б.Н.: Основы предпринимательства.– Киев, 1992.
[4] В помощь деловому человеку. Сборник типовых форм договоров по различным видам деятельности.– Москва, 1991.
[5] Деловая переписка с иностранными фирмами: Практическое пособие.– Москва, 1991.
[6] Демидова А.К., Смирнов Э.А.: Русская коммерческая корреспонденция.– Москва, 1985.
[7] Демидова А.К., Смирнов Э.А.: Русская коммерческая корреспонденция (для говорящих на немецком языке).– Москва, 1988.
[8] Жданова И.Ф.: Краткий русско-английский коммерческий словарь.– Москва, 1991.
[9] Рудакова И.Ф. и др.: Учебный русско-англо-французско-немецкий словарь общетехнической лексики.– Москва, 1982.
[10] Хойер В.: Как делать бизнес в Европе.– Москва, 1992.
[11] Birkenmaier, W., Mohl, I.: Russisch als Fremdsprache.– Tübingen, 1991.
[12] Eckey, W. u. a.: Duden: Briefe gut und richtig schreiben.– Mannheim, Wien, Zürich, 1989.
[13] Manekeller, W.: 100 Briefe Deutsch für Export und Import.– Berlin, München, Wien, Zürich, New York, 1991.
[14] Rudolph, J.: Handbuch der englischen Wirtschaftssprache.– Berlin, München, Wien, Zürich, New York, 1990.
[15] Sachs, R.: Deutsche Handelskorrespondenz: Der Briefwechsel in Export und Import.– München, 1991.
[16] Seyr, B., Aumayr, W., Hoyer, W.: Russische Handelskorrespondenz: Lehrbuch des Russischen.–Moskau, Wien, Düsseldorf, 1988.

Sachwortregister

Adresse 5, 6, 8, 9, 14, 16, 17, 19, 73
Anfrage 18, 35, 45-53, 54, 59
Angebot 18, 32, 54-64
    Annahme des Angebots 64, 65, 66, 69, 70
    Einwände gegen das Angebot 65, 70
    Festangebot 54
    freibleibendes Angebot 54
    Gegenangebot 64, 65, 70
    Gültigkeitsdauer des Angebots 54, 55, 61
    unverbindliches Angebot 54, 57, 58
    unverlangtes Angebot 54, 58
    verbindliches Angebot 54, 55, 56
    verlangtes Angebot 54, 55, 56, 57
    Vertretungsangebot 22, 113-114, 116, 117
    Werbebrief 54, 58
    Wertung des Angebots 54, 62, 65
Anlage(vermerk) 5, 10, 11, 12, 19, 21, 28, 54, 61, 65
Anrede 5, 10, 14
Auftrag 11, 64
Auslandsvertretung 22, 113-117
Bankleitzahl 7
Bankverbindung 6, 7
Begleitbrief 21, 28-31
Bestätigung 21, 32-34, 65, 69
Bestellung 11, 18, 64-72
    ausführliche Bestellung 64, 65, 66, 68, 69
    Bestellvermerk 65, 71
Betreff(zeile) 5, 9, 10, 19, 20
Beweismittel 19, 21
Bezugnahme 23, 25, 28, 29, 35, 54, 59, 65, 108, 113
Bitte 21, 22, 35-39, 45, 49, 50, 63, 65, 108, 110, 113, 115
Bonitätsersuchen 22, 108-113
Briefkopf 5, 6, 7, 16, 17
Dank 41, 45, 59
Dankschreiben 21, 40-41
Datum 5, 9, 14, 17, 19, 73
Einladung 21, 42-44
Empfangsbestätigung 32, 33, 34
Firmenname 6, 7, 11, 14, 73
Firmenzeichen 6, 16
Generalvollmacht 22, 117
Gültigkeitsfrist 54, 55, 61
Informationsmaterialien 11, 12, 49, 55
Lieferbedingungen 18, 54, 65, 73, 124-127
Lieferfristen 54, 65, 73, 127-129

Lieferverzug 19, 78-84
Mahnung 19
Mengenangaben von Waren 18, 54, 65, 121-123
Mengendefizit 19, 85-90
Mitteilung 21, 23-27, 40, 81, 88, 94
    Ausgangsmitteilung 23, 26
    Folgemitteilung 23, 26, 28, 31, 32, 33, 40
Postleitzahl 8, 14, 17
Preise 18, 54, 65, 73, 98, 99, 129-130
Qualität der Ware 18, 54, 65, 73, 120-121
Qualitätsmängel 19, 91-97
Referenzersuchen 22, 108-113
Reklamation 19, 78-100
    Antwort auf Reklamationen 21, 101-107
Schlußformel 5, 10, 14, 51, 52, 106
Stempel-, Siegelvermerk 5, 11
Telefax 13, 16-17
    Telefaxkopfleiste 16, 17
Telex 13-16
    Telexkode 14
    Telexumschrift 13
Transportbedingungen 18, 124-127
Unternehmensformen 6, 7
Unterschrift 5, 11, 12, 14, 73
Veranstaltung 42, 44
Verpackung 18, 65, 73, 124
Versand 28, 30, 73
Verteiler(vermerk) 5, 12
Vertrag 11, 18, 72-77
    Ergänzungen zum Vertrag 72
    Kaufvertrag 18, 19, 72, 73
    Liefervertrag 19, 72
Ware 18
    Anbieten der Ware 54, 60
    Art der Ware 18, 54, 65, 118-119
    beschädigte Ware 85, 88
    Mengenangaben von Waren 18, 54, 65, 121-123
    minderwertige Ware 19, 91-97
    Qualität der Ware 18, 54, 65, 73, 120-121
    überlagerte Ware 87
Zahlungsbedingungen 18, 54, 65, 73, 98-100, 131-132
Zahlungsverzug 19, 98-100
Zustimmung 32-34
Zwischenbescheid 21, 22, 23, 36, 78, 102